조앤박 토익스피킹
익스프레스 678

초판 1쇄 인쇄 2014년 7월 29일
초판 1쇄 발행 2014년 8월 6일

지은이   조앤박
펴낸이   임충배
펴낸곳   도서출판 삼육오 (PUB.365)
디자인   (주)파인트그라픽스
제작   (주)피앤엠123

출판신고 2014년 4월 3일
등록번호 제406-2014-000035호

경기도 파주시 산남로 183-25
TEL (031)946-3196 FAX (031)946-3171
홈페이지   www.wapo.kr

ISBN 979-11-952757-1-7 13740
Copyright©2014 by PUB.365

이 도서의 국립중앙도서관 출판시도서목록(CIP)은 서지정보유통지원시스템 홈페이지(http://seoji.nl.go.kr)와
국가자료공동목록시스템(http://www.nl.go.kr/kolisnet)에서 이용하실 수 있습니다. (CIP제어번호: CIP2014019853)

조앤박 토익스피킹
익스프레스 678

PREFACE

Hello, Everyone! '조앤박 토스훈련소' Joanne Park 입니다.

우리는 한국에서 살고 있음에도 불구하고 매일 수십 개의 영어 단어를 보고, 읽고, 듣고, 말하며 살고 있습니다. 더욱 확실한 회화 능력을 요구하는 요즘, 사내에서 얼마나 영어로 소통할 수 있는지 영어활용도를 측정하는 ETS 토익스피킹 시험을 앞두고 여러 가지 걱정이 많으실 텐데요. 저와 함께 시험에 잘 나오는 질문들에 늘 통하는 아이디어와 패턴들을 쏙쏙 암기하여 시간 대비 최고의 효율성을 자랑하는 이 패턴서로 쉽고 빠르게 고득점을 만들어 봅시다.

실력을 키우기 전에 재미있는 이야기를 하나 해드릴까요? 토익스피킹 훈련소 오프라인 수업을 하면서 2주 코스마다 새로운 학생들을 만나는 것이야말로, 제겐 너무나 즐겁고 신이 나는 일입니다. 재미난 에피소드도 정말 많은데요. 한 번은 수업이 끝나고 열공한 스터디팀과 함께 커피를 마시러 갔어요. 그중 한 여학생은 토익스피킹이 빨리 늘지 않는다고 스스로 '영어 늘보'라고 해서 우린 그녀에게 '괜찮아'를 해주고 있던 찰나였어요. 놀랍게도, 커피를 시키는 순간 엄청 긴 영어 주문을 완전 래퍼로 빙의하여 술술 말하잖아요?

> 영어 늘보   : 아이스 그란데 커피 푸라푸치노 머그에 주세요!
> 놀란 조앤박 : 호옷! 영어늘보씨, 방금 '주세요!' 빼고 다 영어였던 거 알아요? 잘하면서 ~
> 영어 늘보   : 아, 그건 모... 맨날 이거 시켜 먹으니까요... 헤헤...

역시! 언어를 배울 때 꼭 필요한 세 가지 비법은 너무나 심플한 진리로 정해져 있었다는 것이죠.

1. 정확한 어휘 / 패턴 암기!
2. 앵무새처럼 반복!
3. 상황을 만들어서라도 외운 걸 꼭 써먹고 말겠다는 배짱!

조앤이 하루에도 몇 번씩 듣는 질문 Top 3

❶ 어떻게 하면 좋은 점수를 받을 수 있어요?
❷ 점수가 딱 멈춰서 안 올라가요... 고득점 받으려면 어떻게 해야 하나요?
❸ 국어로도 입이 안 떨어지고 영어로 초시계를 보면서 도저히 못 하겠는데... 어쩌죠?

세 질문의 답은 모두 같습니다.
    정확한 암기 ⇨ 반복 연습 ⇨ 기회를 포착해 발사!!

심도 있는 고급 어휘와 문법을 쓰지 못한다고 속상해 마세요. 우선, 토익스피킹 점수를 받아 놓고 그 실력 위에 얹어가시면 되죠. 토익스피킹은 구성과 유형이 늘 정해져 있고, 스피킹 시간이 촉박한 시험이기 때문에 아무리 많이 암기해 가도 다 쓰지도 못하고 시간이 끝나버려 아쉬운 시험이랍니다. 하여, 우리는 몇 가지 쉽고 확실한 루트들만 집요하게 공략할 거에요. 많은 시간 들이지 않고도 몇 마디로 점수를 따는 묘한 경험을 하게 되실 겁니다.

말이 쉽지, 그래도 어렵다고요? 이 책에서는 암기할 내용을 거두절미하여 최대한 쉽고 간결하게 엮었습니다. 그래야 만만하니 계속 써먹을 수 있죠. 강의를 하면 할수록 느끼는 것이지만, 절대 토스는 어렵게 공부하시면 안됩니다. 수준을 조금 낮추세요. 그래야 스피드, 전달력, 자신감이 올라갑니다. 어려운 어휘와 구성으로 말해야 고득점을 받을 수 있다고 생각하여 괜히 이리저리 꼬고 복문에 안 쓰던 고문서 영문법까지 총동원해서 말하는 학생들이 많은데, 불행히도 채점자는 무슨 말인지 못 알아들어 좋은 점수를 줄 수 없다는 사실! 쉬워도 정확하고, 요점이 분명한 어휘를 구사하는 말하기가 최고예요. 그러니, 토스에 겁먹지 말아 주세요.

지금부터 파트별로 아래 세 가지 요소를 뒷받침해주는 다양한 꼼수들을 배울 거에요.

토스 고득점을 위해 필요한 3요소

* 기본기 (몇 가지 억양 + 발음 법칙으로 전달력 상승)
* 아이디어 팁 (잘 쓰이는 어휘, 아이디어, 답변 틀로 발화량 상승)
* 스피드 (시간 내 질문에 답하는 순발력 훈련으로 정확도 상승)

본인 스스로 흥미를 느끼고 자꾸 무슨 말이든 하려고 해야 해요. writing 시험이 아닌데 작문에 오랜 시간 열심히 공들인다면 쓰기 실력은 좋아지겠으나, 말하기 실력이 올라가는 것은 아니니 참고하세요. 토익스피킹이 입으로 보는 시험인데, 사전 보며 자꾸 종이에 써서 뭐합니까? 계속 입으로 하세요. 툭! 치면 자다가도 잠꼬대로 말할 정도로 급박하게 돌아가는 토익스피킹 시험에서 우리는 해봤던 말, 쉬운 말, 잘 아는 말만 쓰게 되어 있기 때문이죠.

토스커 여러분, 오늘부터 원하는 목표 레벨을 설정하고 단시간에 꼭 이루겠다는 계획과 각오를 눈앞에 매 순간 그리며 동기를 부여하세요. 계속 말하려는 에너지를 잃지 마시고, 시간에 쫓기고 있다는 절박함으로부터 암기 집중력을 더욱 높여주세요. 가장 중요한 것! 두려움과 게으름을 떨쳐버리고, 자신감과 배짱을 두둑~하게 지니고 열공을 시작해 주십시오.
모든 일이 다 그렇듯, 노력에 장사 없지 않습니까?

행운의 레벨로 가는 특급 열차, 토스 Express 678, 지금 출발합니다!

Joanne Park

CONTENTS & INDEX

HOW TO LEARN & SPEAK

Intro
핵심 암기 패턴의 설명

Pattern Practice (Question)
핵심 암기 패턴/ 파트별 질문 패턴

파트별 예문, 암기해야 하는 어휘, 답변틀 등
각 파트별 질문의 유형과 종류에 따라
꼭 학습해야 하는 핵심 암기 패턴을 담았습니다.

Pattern 116 Do I need to find a r
near the center for
p116.mp3 센터 주변에 점심을 먹을
야 합니까?

Part 3/ 4/ 5/ 6의 경우 질문(Questions) 유형별로 전개하고 Pattern Combo에서 해당 질문에
답변(Answers)을 연결하는 방식으로 질의응답 트레이닝 코너를 구축하였습니다.

Pattern Combo (Answer)
핵심 암기 패턴과 함께 쓰기 좋은 추가 패턴들 (복문 구성)/ 답변 패턴

다른 핵심 암기 패턴(Pattern Practice)을 함께
연결하여 사용하여 반복 학습을 할 수 있습니다.
패턴 색상과 번호로 구분되며 [+]는 함께 쓰기 좋은
추가 어휘입니다.

Pattern
Combo
(Answer)

180 Um... Let me see
음... 잠시만요.

[+] [주제] will be led
[사람]이 [주제]를 진행

발화량과 어휘력을 높이고 장문 또는
복문으로 더 길게 말을 연결하는 방법을
학습하도록 하였으며, 파트의 유형에 따라 핵심 암기 패턴(Pattern Practice)에서 질문하고
추가 패턴(Pattern Combo)으로 대답하여 질문과 답변의 요령을 한 패턴에서 같이 익힐 수 있게
하였습니다.

Add Up
핵심 암기 패턴에 추가로 붙여 쓰는 수식어구 (단어/어휘/패턴)

짧지만, 고득점을 받기 위해 추가 패턴
(Pattern Combo)과 함께 덧붙여
사용될 수 있는 부가적 내용으로
수식어구 위주의 다양한 아이디어를
추가하였습니다.

 relaxing on a chair
의자에서 쉬고 있는

 34 point
무엇인지

 wearing glasses
안경을 쓴

 ente
빌딩으

순발력 있게 시간을 조절하여 효과적인 발화량을 확보할 수 있는 좋은 패턴으로 이루어져 있습니다.

Intensive Training
핵심 암기 패턴을 이용한 예시 문장

핵심 암기 패턴(Pattern Practice)과 함께
쓰기 좋은 추가 패턴(Pattern Combo)
또는 추가 수식어구(Add Up)를 함께
섞어 쓰는 조앤만의 독특한 답변
예시 문장입니다.

Intensive Training	Unfortunately, I still a
	people to the event.
	불행히도, 저는 어떻게 그 행사
	However, we're strug
	a lack of sales peopl

질문의 상황과 내용에 따라 답변 시 다양하게 붙여 발화량을 늘려주고 이어주는 아이디어
팁을 사용함으로써, 스피킹 훈련 시 순발력은 올리고, 당황스러운 상황에 효과적으로
대비할 수 있게 비장의 암기 패턴 연결 노하우를 제공하는 집중 트레이닝 파트입니다.
여러 번 반복해서 읽고 본인의 것으로 만드세요.

Keep in Mind
학생들의 주요 실점 포인트/ 함께 알아두어야 할 주의 사항

학생들이 자주 틀리는 부분,
고득점을 위한 주의 사항,
비슷하거나 다른 어휘, 추가 설명.등
해당 패턴을 암기하면서 함께
알아두어야 할 내용을 꼼꼼하게 짚었습니다.

>> Keep in Mind!

부사구는 장소 → 방법 → 시간의 순서로 말하기
work out 운동하다

※ 시험에서 잘 쓰이는 3장소 부사구
   at home 집에서/ at work 직장에서/ at school 학교

Mini Test
유형을 정리하는 마무리 문제들

실제 시험과 동일한 난이도의
미니 테스트를 각 파트의 마지막
연습 문제 코너에 담았습니다.

mp3를 들으며, 실제 시험과
동일한 상황 속 스피킹 연습을 경험하면서
시험의 감각을 높이고 기민한 답변 요령을 함께 익힐 수 있는 코너입니다.

사진의 일부분씩 디테일하게 말하는 스피킹 훈련을 해보세요.
Self Check ①②③④⑤⑥⑦⑧

Q3

PART 1

Read a Text Aloud
특정 지문 읽기

문제 번호	Q1, 2
준비 시간 / 답변 시간	준비 시간 **45초** / 답변 시간 **45초**
유형 상세 설명	안내문, 뉴스, 음성 메모, 광고 등 특정 지문을 유창하게 읽는 파트입니다. 총 2 문제 나오며 3~4줄 가량의 짧은 지문을 얼마나 전달력 있는 발음과 억양으로 뉘앙스를 살리며 읽는가를 평가합니다. 처음 읽기를 시도할 때, 잘못하거나 모르겠어도 '난 원래 영어를 되게 잘하는 스타일이야'라는 자기 최면을 걸어 철면피로 변신, 목소리에 힘을 딱! 주고 자신감 있게 연습하여 부드러운 스피킹으로 만들어 나가는 것이 영어 말하기의 기본이자 핵심입니다.
공부 방향 및 고득점 포인트	발음은 태생적으로 고쳐지지 않는 부분이 있기 때문에, 사실 채점자가 알아들을 수 있는 정도면 만점에 문제없습니다. 다만, 잘못된 억양을 가지고 있다면 외국인 채점자는 전혀 알아듣지 못하기 때문에 이 파트에서는 억양과 리듬감을 살리는 데 주력해야 합니다. 고유명사는 물론, 끊어 읽기, 억양 읽기, 강세 읽기를 정복하려면 음성을 들으며 소리를 내 많이 읽어보는 것이 제 경험상 '최고'입니다.
문제당 점수	각 3점 만점

광고 방송
p001.mp3

'어머, 숙아! 넌 아직 그 유명한 ***도 모르니?' 이런 느낌 아시죠? 라디오나 텔레비전 광고를 통해 많이 들어본 것 처럼 평서문과는 다르게 약간 과장된 억양으로 화자가 광고하고 싶은 컨텐츠에 전달력을 실어주는 것이 핵심입니다. 자연스럽게 오버를 좀 해야 하지만 과유불급(과하게 혀를 꼬부라뜨리면 낭패)임을 명심하세요.

Pattern Practice

Are you looking for a perfect spot to hold an annual meeting, seminar or banquet? If so, don't hesitate to call the East Shore Conference Center. Our conference center, located in East Cape, offers first-rate facilities and services. Give us a call now and let us plan your special event!

연례 회의, 세미나나 만찬을 열 완벽한 곳을 찾고 계신가요? 그렇다면, 이스트 숄 컨퍼런스 센터로 주저 없이 연락해주세요. 이스트 케이프에 위치한 우리 컨퍼런스 센터는 최고급 시설과 서비스를 자랑합니다. 지금 전화해 주시면 저희가 귀하의 이벤트를 더욱 특별하게 만들어 드립니다!

>> Keep in Mind!

:: 뭔가 '웃'하고 끝나는 느낌을 주의하면서 읽을 것.
  '퍼/버' 가 아니고 윗니를 보이며 'F어/ V어'가 맞는 발음!
  * 강세 : 표기 주의

banquet 밴:큇   hesitate 헤:지텃
the East Shore 더 이스트 슈얼 (X) → 디 이:스트 쇼오어 (O)
center 쎄:너   located 로케:이룻
facilities f어씰:러리즈   services 썰:v어쓰스
special 스:빼시얼

가이드 멘트
p002.mp3

외국에 놀러 가서 탔던 City Tour Bus에서 들리던 외국 가이드의 목소리를 떠 올려 보세요. 그땐 몰랐겠죠. 그로 빙의해야 할 줄은…. 연기한다는 생각으로 뻔뻔하게 변사 빰치는 외국인 가이드로 변신해 봅시다. 너무 빠르지 않게 속도를 유지하고 진지하게 하나라도 더 보여주겠다는 친절한 뉘앙스로 채점관의 마음을 사세요. 점수는 확 올라갑니다.

Pattern Practice

Hello everyone and welcome to the Garden Design Workshop, organized by the National Gardening Association. In this series, you will learn many helpful tips about planning your garden, choosing the right flowers or vegetables, and planting them in beds properly. But before we begin the workshop, let's watch a short video.

안녕하세요. 국립 정원 협회가 준비한 정원 디자인 워크샵에 오신 것을 환영합니다. 이번에는, 정원 가꾸기, 좋은 꽃이나 야채 고르기, 화단에 꽃이나 야채를 잘 심는 것에 관한 도움이 되는 여러 가지 팁들을 배워볼 예정입니다. 자, 워크샵을 시작하기에 앞서 잠시 짧은 비디오를 보시겠습니다.

>> **Keep in Mind!**

workshop 웤:ㅋ샵 → 앞에 강세 가운데 k 살짝
association 어쏘씨에:이션 → -tion 앞 모음에 강세
helpful 헤:업f우어 → 중간 L 발음 묵음
properly 프롸:뻘리
before 뷔f얼:

사회자 멘트
p003.mp3

이젠, 사회자가 되어볼 시간. 회사나 팀에서 개회사나 전달 사항 등을 앞에 나가서 이야기하는 내용으로 말의 속도는 너무 빠르지 않게 유지하면서 전달력 있게 누군가를 소개하는 유형입니다.
의미를 고려하며 끊어 읽고 알맞게 쉬어줘야 뉘앙스를 효과적으로 살릴 수 있습니다.

Pattern Practice

Welcome to another episode of the Future House. Today our guest is Olivia Marray, a product manager at PaintWorld. First, she will discuss the process of manufacturing color paint, oil paint and wallpaper. Then, she will play a video and answer questions from our audience. And now, let's welcome Olivia Marray to the show.

'미래의 집'에 오신 것을 환영합니다. 오늘 모실 손님은 페인트 나라의 제품 매니저이신 올리비아 머레이 씨입니다. 먼저, 색상 페인트, 유성 페인트와 벽지 생산 공정에 대해 이야기하실 예정입니다. 그 후, 짧은 비디오를 보고 방청객 질문에 대답하는 시간을 가지려 합니다. 이제, 올리비아 머레이 씨를 쇼로 모셔보겠습니다.

>> **Keep in Mind!**

Olivia Marray 얼리:v이아 머뤠:이   PaintWorld 페:인ㅌ워:어얼드
wallpaper 워:페이퍼   audience 어:-리언쓰
welcome 워:크엄

뉴스

p004.mp3

외국에서 학교 다닐 때, 뉴스 앵커들을 유독 유심히 본 적이 많아요. 단아하고 차분한 우리나라 앵커들과는 대조적으로 카메라를 거의 뚫어지게 쏘아보며 굉장히 집중해서 해당 뉴스를 전달하려는 '의지'는 물론, 개인적인 '감정' 또한 어투에서 느껴지더라고요. 뭔가 한 방이 있는, soul이 깃든 뉴스 앵커로 변신해 보세요.

Pattern Practice

The Falman City Library will be having its grand opening this Friday. To celebrate, there will be opening remarks at Forgewood Hall. The building was constructed with funding from businesses and city governments. The library will feature a variety of large meetings with community events and cultural activities.

팔먼 시립 도서관이 이번 주 금요일에 개장합니다. 개장을 축하하기 위해, 근처 퓔지우드 홀에서 개장 연사가 있을 예정입니다. 이 빌딩은 기업과 시 정부로부터 받은 성금으로 지어졌습니다. 이 도서관은 지역 행사와 문화 공연을 포함한 다양한 대형 행사들이 열리는 공간이 될 것입니다.

>> **Keep in Mind!**

Falman City f어:먼 씨:리
Forgewood Hall f얼:쥐우-드 허–
a variety of 어 v으롸:이리 업
activities 액티:v위리

celebrate 쎌:러브뤳
businesses 비:즈네씨스
community 커뮤:니리

Pattern 5

안내 방송
p005.mp3

안내 방송의 목적은 '명백한 공지 전달'에 있습니다. 즉, 특정 변경 사항을 강하고 천천히 좀 끌어주듯이 읽어서 확실하게 전달해야 합니다. 우리나라 백화점 안내 방송에 '그녀'처럼, 흰 죽도 못 먹은 여자 목소리로 맥없이 말씀하시면 안 된다는 것! 명심하세요.

Pattern Practice

Welcome to Marcus Theater. We would like to remind you that all phones, music players and other electronic devices should now be turned off. In addition, please remember that the use of cameras or recorders is strictly prohibited. While you are watching the performance, avoid loud conversation that may disturb those around you. Thank you and enjoy the show.

마커스 극장에 오신 것을 환영합니다. 모든 전화기, 음향 기기 및 각종 전자 제품의 전원을 모두 꺼주시길 당부드립니다. 더불어, 카메라와 녹음기는 사용이 금지되어 있습니다. 공연을 관람하시는 동안에는 시끄러운 대화로 주변 고객들에게 불편을 끼치는 일은 삼가주시기 바랍니다. 감사합니다. 즐거운 관람 되세요.

>> Keep in Mind!

Marcus 말:꺼쓰	remind you 뤼마:인 쥬
all 어-	electronic devices 일렉츄:롸닉 드v와:이쓰스
turned off 터언:드 어f → off에 강세	
addition 애디:션	cameras or recorders 캐:머러쓰 오얼 뤼커:럴쓰
strictly prohibited 스츄뤽:리 프롸히:비리드	
enjoy 은조:이	

Pattern
6
음성 메시지
p006.mp3

간단 명료하지만 확실하게 음성 메시지를 완료하세요. 고유 명사가 많이 등장하므로 꼭 천천히 정확히 발음해야 합니다. 준비시간에 속도와 리듬감을 잘 조율해 놓으세요. 자동응답기에서 흔히 듣던 똑 부러지던 목소리와 뉘앙스를 떠올리면서 읽어보세요.

Pattern Practice

You have reached Forbes Cycling Tours. We are currently taking reservations for our February, March, and April tours through historic Rockson County. If you don't have the necessary equipment, you can rent it for a small fee.

포브즈 싸이클링 투어입니다. 현재 역사가 살아 숨 쉬는 록슨 카운티를 횡단하는 2월, 3월, 4월 투어의 예약을 받고 있습니다. 장비가 없으시다면 저렴한 비용으로 렌트가 가능합니다.

>> **Keep in Mind!**

Forbes Cycling f얼:브즈 싸:이클링
reservations 뤠절v에:이션즈
February f에:뷰뤄뤼
historic 히스떠:뤽 → -ic 앞 모음에 강세
county 컨트리 (x) → 카아:우니 (o)
necessary equipment 네:쓰써뤼 이큅:먼트

mini test
PART 1

Read a Text Aloud

원어민의 음성을 듣고 동시에 따라 말하는 스피킹 훈련을 해보세요.

Self Check ① ② ③ ④ ⑤ ⑥ ⑦ ⑨ ⑩

Q1

If you like adventure novels, then you'll love Nelson Hayward's newest book. The action, drama, and mystery will keep you captivated for hours. Beginning next Friday, look for The Pace Maker in your local bookstore. You shouldn't miss this latest masterpiece.

PREPARATION TIME	RESPONSE TIME
00:00:45	00:00:45

If you like adventure novels, / then you'll love Nelson Hayward's newest book. // The action, drama, and mystery / will keep you captivated for hours. // Beginning next Friday, / look for The Pace Maker in your local bookstore. // You shouldn't miss this latest masterpiece.

모험 소설을 좋아하신다면, 넬슨 헤이워드의 최신작에 빠지실 겁니다. 액션, 드라마 그리고 미스터리가 오랫동안 책으로 빠져들게 만들 겁니다. 다음 주 금요일을 시작으로 주변 서점에서 페이스 메이커를 만나실 수 있습니다. 최신 걸작을 절대 놓치지 마세요.

Level 6
minitest_a01_lv6.mp3

Level 7
minitest_a01_lv7.mp3

Level 8
minitest_a01_lv8.mp3

원어민의 음성을 듣고 동시에 따라 말하는 스피킹 훈련을 해보세요.

Q2

Self Check ① ② ③ ④ ⑤ ⑥ ⑦ ⑨ ⑩

Attention, shoppers! If you've finished buying your merchandise, please come to the checkout counters and get some help. Joe's Bargain World will open from 10 a.m. to 5 p.m. on weekdays, and from noon to midnight on Saturday and Sunday. We look forward seeing you at Joe's Bargain World.

PREPARATION TIME	RESPONSE TIME
00:00:45	00:00:45

Attention, shoppers! // If you've finished buying your merchandise, / please come to the checkout counters and get some help. // Joe's Bargain World will open / from 10 a.m. to 5 p.m. on weekdays, / and from noon to midnight on Saturday and Sunday. // We look forward seeing you at Joe's Bargain World.

손님 여러분께 안내 방송 드립니다! 제품 구매가 끝나셨다면, 계산대로 오셔서 도움을 받으세요. 조의 바겐 월드는 매일 오전 10시부터 오후 5시까지, 토요일과 일요일에는 점심부터 자정까지 이용하실 수 있습니다. 조의 바겐 월드에서 고객 여러분을 뵙기를 바랍니다.

Level 6
minitest_a02_lv6.mp3

Level 7
minitest_a02_lv7.mp3

Level 8
minitest_a02_lv8.mp3

PART 2

Describe a Picture
사진 묘사하기

문제 번호	Q3
준비 시간 / 답변 시간	준비 시간 30초/ 답변 시간 45초
유형 상세 설명	말 그대로 사진을 묘사하는 파트입니다. 컬러 사진 하나가 컴퓨터 스크린에 보이면, 사진을 묘사할 동선을 파악하고, 핵심 인물들, 주변 사물들과 뒷배경 묘사까지 암기한 문장 틀과 핵심 어휘로 신속하고 많이 꾸미는 것이 포인트입니다. 준비시간 30초 동안, 최대한 쓸 내용을 솎아 머릿속에 저장해두고, 45초 답변 시간이 시작되면 명확하고 빠르게 사진을 묘사하세요.
공부 방향 및 고득점 포인트	토익과 다르게 색상이 보이므로 색상 어휘를 써주고, 현재 진행형을 기본 동사로 사용하되 분사, 전치사 등 수식어구로 추가적 설명을 덧붙여주세요. 문장의 길이를 길게 늘여주는 것이 중요합니다. 대다수 학생이 수일치와 전치사 위치 표현에서 문법 실수를 많이 하니 이 부분을 완벽히 연습하면 고득점이 수월해집니다.
문제당 점수	3점 만점

Pattern
7

This is a picture
p007.mp3 사진입니다

Part 2 사진 묘사의 경우 '이 사진은 무엇의 사진입니다.' 혹은 '이 사진은 어디에서 찍힌 사진입니다.'라는 문장으로 도입을 시작하세요. ~taken은 명사를 수식하는 분사 즉, '찍힌' 의 의미가 됩니다.

Add up

of a [명사]
[명사]의

taken outdoors/ indoors
밖에서/ 안에서 찍힌

Intensive Training

This is a picture **of a café.**

이 사진은 카페의 사진입니다.

This is a picture **of an outdoor café.**

이 사진은 노천 카페의 사진입니다.

This is a picture **taken outdoors.**

이 사진은 밖에서 찍힌 사진입니다.

>> Keep in Mind!

:: outdoor 형용사 → I can see an outdoor café. 노천 카페를 볼 수 있습니다.
   outdoors 부사 → A café is located outdoors. 카페가 야외에 있습니다.

I can see a picture

p008.mp3 사진을 볼 수 있습니다

'어떤 사진을 볼 수 있다.'라고 사진 묘사를 시작할 수도 있으니 참고하세요. 사람이나 사물을 꾸밀 때도 역시 사용할 수 있는 유용한 문장입니다.

Add up **of a [명사]**
[명사]의

Intensive Training   I can see a picture of a convenience store.

편의점의 사진을 볼 수 있습니다.

I can see a picture of an office.

오피스의 사진을 볼 수 있습니다.

I can see a lot of people.

많은 사람을 볼 수 있습니다.

>> Keep in Mind!

:: I can see 발음 : 아이 켄 씨 (X) → 아이큰 씨:이 (O)
    * I와 can은 조금 낮고 부드럽게, see는 정확하고 조금 길게 말한다.

Pattern 9

a man/ 2 men, a woman/ 2 women, an elderly man/ an elderly woman

p009.mp3 한 남자/ 두 남자, 한 여자/ 두 여자, 나이 든 한 남자/ 여자

국어와 가장 다르고 그래서 어려운 부분이 바로 복수/단수의 수일치 이죠. 사람의 수에 따라 뒤에 따라오는 동사, 명사의 수가 결정되는 만큼 초반에 주격의 수를 '생각'하고 말하는 연습이 매우 중요합니다.

Add up

10 wearing + a dress/ dresses
(단/복수) 드레스를 입은

25 dealing with the customer(s)
손님(들)을 응대하고 있는

20 facing each other
서로를 바라보고 있는

28 smiling
웃고 있는

35 working on the computer/ the documents
컴퓨터/ 문서 작업을 하는

43 in the back(ground of the picture)
그림의 뒤쪽에

Intensive Training

Two women wearing dresses are facing each other in the middle (of the picture).
그림의 중간에 드레스를 입은 두 여자가 서로를 바라보고 있습니다.

A woman wearing a uniform is dealing with customers.
유니폼을 입은 한 여자가 손님들을 응대하고 있습니다.

Two men wearing suits are working on the computers.
정장을 입은 두 남자가 컴퓨터 작업을 하고 있습니다.

An elderly man is smiling in the back(ground of the picture).
나이 든 남자가 그림의 뒤쪽에서 웃고 있습니다.

wearing + a suit/ suits,
wearing + a dress/ dresses,
wearing + a uniform/ uniforms

p010.mp3 정장을 입은, 드레스를 입은, 유니폼을 입은

길을 지나다 보면 '슈트'라고 표기된 정장 가게가 종종 있는데 사실, '쑤-우트'라고 발음해야 합니다. 위아래가 한 벌이므로 a suit, 여러 명이 입었으면 suits라고 수일치가 핵심. 그리고 우리가 흔히 원피스라고 부르는 위아래가 붙은 치마는 쥬:뤠쓰[dress] 라고 표현해야 합니다. 한 사람이 입었으면 a dress, 여러 사람이 입었으면 dresses. 발음을 확실히 굴려주세요. 마지막으로, 유니폼 역시 한 벌은 a uniform, 여러 벌은 uniforms. 여기서 관사 주의! 모음 앞에 무조건 an이 아니라는 것 아셨나요? [u:유]는 자음의 소리이므로 a를 사용합니다.

Add up

 12 with blond hair/ a ponytail
금발의/ 머리 묶은

 13 with a hat/ a cap
챙모자/ 캡모자를 쓴

Intensive Training

A woman wearing a red dress with blond hair is walking on the street.

금발의 빨간 드레스를 입은 한 여자가 길을 걸어가고 있습니다.

A man wearing a suit with a hat is talking about something.

챙모자에 정장을 입은 한 남자가 무엇인가 이야기하고 있습니다.

A girl wearing a uniform with a ponytail is sitting at the table.

유니폼을 입고 머리 묶은 소녀가 테이블에 앉아 있습니다.

>> Keep in Mind!

 어휘 a dress 드레스 한 벌   a red dress 빨간 드레스 한 벌

wearing + light/ heavy clothes

p011.mp3 얇은/ 두꺼운 옷을 입은

옷의 종류를 모두 영어 단어로 알아 두면 당연히 좋겠지만, 금방 생각할 수 있는 옷 종류들부터 입에 붙여 놓는 것이 우선. 토익스피킹은 시간이 생명인 시험이니 만큼 정해진 시간 내 어떤 색상인지 말해주거나, 재질의 얇고 두꺼운 정도 등으로 분사[wearing + 옷 종류]를 이용해 쉽게 묘사하는 것이 '능력'입니다.

Add up

 with sunglasses/ glasses
선글라스/ 안경을 쓴

 sitting at the table
테이블에 둘러앉아 있는

 in a row
한 줄로

Intensive Training

Some students wearing light clothes with glasses are sitting around the tables.

안경을 쓰고 얇은 옷을 입은 학생들 몇 명이 테이블들에 둘러앉아 있습니다.

A lot of people wearing heavy clothes are standing in a row.

두꺼운 옷을 입은 많은 사람들이 한 줄로 서 있습니다.

>> Keep in Mind!

:: 색상이 잘 보이면 꼭 언급하고 색상이 다양하면 colorful을 사용해서 묘사
:: clothes는 옷이라는 뜻
    단수/복수 모두 clothes를 쓰면 되어서 편하다

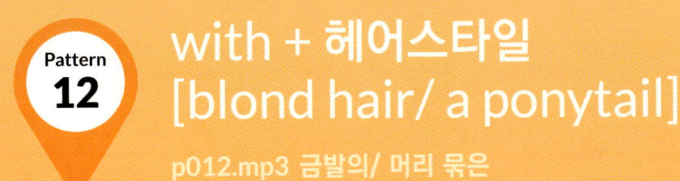

Pattern **12**

with + 헤어스타일 [blond hair/ a ponytail]

p012.mp3 금발의/ 머리 묶은

Part 2 사진 묘사에서 주연급 사람의 머리카락 색깔이 눈에 띈다면 [사람 + with + blond hair]처럼 꾸며주세요. 주의할 것은 a woman with a brown hair라고 관사 a를 붙여버리면 '갈색 머리카락이 단 한 개밖에 없는 여자'로 엄청나게 슬퍼진다는 사실.

Add up

 long curly 길고 컬이 있는

 in a ponytail 묶은 머리로

Intensive Training

A woman with blond hair is standing on the street.

금발의 한 여자가 거리에 서 있습니다.

She puts her hair up in a ponytail.

그녀는 위로 묶은 머리를 하고 있습니다.

A girl with brown hair is smiling at a woman.

갈색 머리의 소녀는 한 여자를 보며 웃고 있습니다.

>> Keep in Mind!

:: 머리는 길이/ 스타일/ 색상 순서로 사용 → long straight blond hair 묶음 머리는 개수를 센다.

어휘 put up 올리다

with sunglasses/ glasses/ a hat/ a cap

p013.mp3 선글라스/ 안경/ 챙모자/ 캡모자를 쓴

사람의 상태 표현은 진행형 본동사[Be 동사+ing: 동사를 하고 있다]가 나오기 전에 모두 표현해 주세요.
이때, with를 본드처럼 명사 액세서리에 붙여주면 간단히 상태 묘사 해결!

Add up

 34 pointing at something
손가락으로 무엇인가 가리키고 있는

 40 talking on the phone
통화를 하는

Intensive Training

A man with sunglasses and a cap is talking on the phone.

선글라스에 캡모자를 쓴 한 남자가 통화하고 있습니다.

A woman with a hat is pointing at something.

챙모자를 쓴 여자가 손가락으로 무엇인가 가리키고 있습니다.

>> Keep in Mind!

:: 선글라스나 안경은 늘 복수
   하나만 쓰게 되는 캡모자는 단수

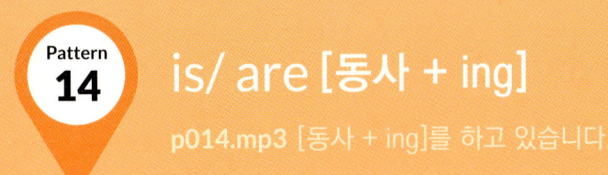

Pattern 14

is/ are [동사 + ing]

p014.mp3 [동사 + ing]를 하고 있습니다.

Part 2의 기본 동사형으로 현재 진행형을 사용해서 [be + 동사ing ~을 진행 중이다]라고 생생한 묘사를 하세요.
be동사의 기본은 주어에 따른 수일치.
주어의 단수/ 복수를 계속 생각하며 말해야 is를 쓸 것인지, are을 쓸 것인지 판단하며 말할 수 있습니다.

Add up

 19 enjoying a meal
식사를 즐기는

 28 smiling
웃고 있는

 45 on the left (side of the picture)
그림의 왼쪽에

 176 while [동사ing] ~
[동사ing]를 하면서 ~

Intensive Training

A boy wearing heavy clothes is walking on the street while smiling.

두꺼운 옷을 입은 한 소년이 웃으며 길을 걷고 있습니다.

Some women are enjoying a meal together on the left (side of the picture).

그림의 왼쪽에 어떤 여자들이 함께 식사를 즐기고 있습니다.

>> Keep in Mind!

:: while 대신 and도 사용 가능

토스를 끝내는 직업별 동작 표현

Part 2에 나오는 컬러 사진들에는 여러 직종의 사람들과 그들의 행동이 등장합니다.

성별로만 묘사하기엔 아쉬우니 잘 나오는 직종과 동작을 입으로 소리를 내 암기해 주세요.

그럼, 당연히 수식어구를 더 많이 붙이게 되고 스피킹 점수는 올라가겠죠?

Pattern 15

talking about something

p015.mp3 무엇인가 이야기하고 있는

Add up

16

looking at a menu

메뉴를 보고 있는

Intensive Training

A customer with blond hair is talking about something while looking at a menu.

금발 머리의 한 손님이 메뉴를 보면서 무엇인가 이야기하고 있습니다.

>> Keep in Mind!

:: and/while은 순서 상관없이 사용 가능

Pattern 16

looking at a menu

p016.mp3 메뉴를 보고 있는

Add up

39

listening to her/ him

그녀/ 그의 말을 듣고 있는

Intensive Training

A girl wearing a fancy dress is looking at a menu and listening to a waiter.

고급 드레스를 입은 한 소녀가 메뉴를 보고 웨이터의 말을 듣고 있습니다.

>> Keep in Mind!

어휘 fancy 고급의

Pattern 17

sitting at the table

p017.mp3 테이블에 앉아 있는

Add up

28 smiling
웃고 있는

Intensive Training

A customer with glasses is sitting at the table while smiling.

안경을 쓴 한 손님이 웃으며 테이블에 앉아 있습니다.

>> **Keep in Mind!**

:: sitting on the chair '의자에 앉다'와 혼동하지 말 것
:: stool 등받이가 없는 스툴 의자

Pattern 18

sitting around the table

p018.mp3 테이블에 둘러앉아 있는

Add up

15 talking about something
무엇인가 이야기하고 있는

Intensive Training

Some customers wearing suits are sitting around the table and talking about something together.

정장을 입은 몇 명의 손님들이 테이블에 둘러앉아 함께 무엇인가 이야기하고 있습니다.

>> **Keep in Mind!**

어휘 around ~ ~주위에, ~둘러   together 함께

Pattern 19 — enjoying a meal

p019.mp3 식사를 즐기는

Add up

20 facing each other
서로를 바라보고 있는

Intensive Training

Two customers wearing light clothes are enjoying their meal while facing each other.

얇은 옷을 입은 두 명의 손님들이 서로를 바라보며 식사를 즐기고 있습니다.

>> Keep in Mind!

어휘　meal 식사, 끼니
* 복수로 쓸 경우 한번에 여러 끼니를 먹는다는 이상한 의미가 될 수 있으니 주의

Pattern 20 — facing each other

p020.mp3 서로를 바라보고 있는

Add up

34 pointing at something
손가락으로 무엇인가 가리키고 있는

Intensive Training

Two female customers with sunglasses are facing each other and pointing at a yellow dress.

두 명의 선글라스를 낀 여자 손님들이 서로 마주 보고 손가락으로 노란색 드레스를 가리키고 있습니다.

>> Keep in Mind!

어휘　female 여성　　　　　　　male 남성

Pattern 21

checking the item

p021.mp3 물건의 상태를 보고 있는

Add up

 30 leaning forward
앞으로 몸을 숙인

 + in person
직접

 42 in the middle (of the picture)
그림의 중간에

Intensive Training

The customer leaning forward in the middle (of the picture) is checking the item in person.

그림의 중간에 앞으로 몸을 숙인 그 손님은 물건의 상태를 보고 있습니다.

>> Keep in Mind!

:: 사람 뒤 [동사 + ing] = [동사]를 하고 있는 사람

묘사 종류

a customer

Pattern 22

reaching for an item

p022.mp3 물건을 잡으려 하고 있는

Add up

 40 talking on the phone
통화를 하는

Intensive Training

A customer holding a plastic bag is reaching for an item while talking on the phone.

비닐봉지를 든 한 손님이 통화하면서 물건을 잡으려고 하고 있습니다.

>> Keep in Mind!

 어휘 a plastic bag 비닐봉지 한 개
holding a plastic bag 비닐봉지 한 개를 들고 있는

Pattern 23

taking an order

p023.mp3 주문을 받고 있는

Add up

28 smiling
웃고 있는

46 on the right (side of the picture)
그림의 오른쪽에

Intensive Training

A sales clerk on the right (side of the picture) is taking an order while smiling.

한 점원이 그림의 오른쪽에서 웃으며 주문을 받고 있습니다.

묘사 종류

a waiter

Pattern 24

serving the dishes

p024.mp3 음식을 나르고 있는

Add up

10 wearing + a uniform/ uniforms
유니폼을 입은

Intensive Training

A waiter wearing a uniform is serving the dishes.

유니폼을 입은 한 웨이터가 음식을 나르고 있습니다.

Pattern 25

dealing with the customer(s)

p025.mp3 손님(들)을 응대하고 있는

Add up

 10 **wearing a uniform**
유니폼을 입은

 23 **taking an order**
주문을 받고 있는

Intensive Training

A waitress wearing a uniform is dealing with the customers while taking an order.

유니폼을 입은 한 웨이트리스가 주문을 받으며 손님들을 응대하고 있습니다.

>> Keep in Mind!

어휘 making an order 주문하고 있는

Pattern 26

carrying something

p026.mp3 무엇인가 나르고 있는

Add up

 42 **in the foreground (of the picture)**
그림의 앞쪽에

Intensive Training

Waiters wearing uniforms are carrying dishes in the foreground (of the picture).

그림의 앞쪽에 유니폼을 입은 웨이터들이 요리들을 나르고 있습니다.

>> Keep in Mind!

:: something은 단수로만 사용

:: a plate 한 접시 + food 요리 = a dish 요리 한 접시/ dishes 요리들

Pattern 27

cleaning the table

p027.mp3 테이블을 치우고 있는

Add up

30 leaning forward
앞으로 몸을 숙인

Intensive Training

A waitress leaning forward is cleaning the table.

앞으로 몸을 숙인 웨이트리스가 테이블을 치우고 있습니다.

Pattern 28

smiling at her/ him

p028.mp3 그녀/ 그를 향해 웃고 있는

Add up

12 with blond hair/ a ponytail
금발의/ 머리 묶은

Intensive Training

A waitress with blond hair is smiling at him.

금발의 유니폼을 입은 한 웨이트리스가 그를 향해 웃고 있습니다.

>> **Keep in Mind!**

:: a waitress/ waiter vs. a sales clerk (점원)을 헷갈리지 말 것

Pattern 29

handing something to her/him

p029.mp3 그녀/그에게 무엇인가 주는

Add up

 behind the counter
카운터 뒤에

Intensive Training

A sales clerk behind the counter is handing something to her.

카운터 뒤에 있는 한 점원이 그녀에게 무엇인가 주고 있습니다.

Pattern 30

leaning forward

p030.mp3 앞으로 몸을 숙인

Add up

 10 wearing a uniform
유니폼을 입은

 23 taking an order
주문을 받고 있는

Intensive Training

A woman wearing a uniform is leaning forward and taking an order.

유니폼을 입은 한 여자가 앞으로 몸을 숙이고 주문을 받고 있습니다.

>> **Keep in Mind!**

:: 주어를 갑자기 a waitress로 쓸지, a sales clerk으로 쓸지 헷갈린다면 그냥 a woman 이면 만사 OK!

묘사 종류

a student

Pattern 31

writing on a piece of paper

p031.mp3 종이에 무엇인가 적고 있는

Add up

 40 **talking on the phone**
통화를 하는

Intensive Training

A student talking on the phone is writing on a piece of paper.

통화를 하는 한 학생이 종이에 무엇인가 적고 있습니다.

>> Keep in Mind!

어휘   taking a note 노트 필기를 하고 있는   papers 서류

묘사 종류

a student

Pattern 32

asking a question

p032.mp3 질문을 하는

Add up

 34 **pointing at something**
손가락으로 무엇인가 가리키고 있는

Intensive Training

Students wearing uniforms are pointing at something and asking questions.

유니폼을 입은 학생들이 손가락으로 무엇인가 가리키며 질문들을 하고 있습니다.

Pattern 33

crossing the street

p033.mp3 길을 건너고 있는

Add up

wearing colorful clothes
다양한 색상의 옷을 입은

Intensive Training

Some kids wearing colorful clothes are crossing the street.

책가방을 멘 몇 명의 아이들이 길을 건너고 있습니다.

>> Keep in Mind!

a child의 복수 → children 아이들   a kid의 복수 → kids 아이들

묘사 종류

a kid

Pattern 34

pointing at something

p034.mp3 손가락으로 무엇인가 가리키고 있는

Add up

 12

with a ponytail
머리 묶은

 41

in the foreground (of the picture)
그림의 앞쪽에

Intensive Training

A kid with a ponytail is pointing at something in the foreground (of the picture).

머리 묶은 한 아이가 그림의 앞쪽에서 손가락으로 무엇인가 가리키고 있습니다.

Pattern 35

working on the computer/ the documents

p035.mp3 컴퓨터/ 문서 작업을 하는

Add up

 17 sitting at the table
테이블에 앉아 있는

 45 on the left (side of the picture)
그림의 왼쪽에

Intensive Training A company worker sitting at the table is working on the computer on the left side (of the picture).

테이블에 앉아 있는 한 회사원이 그림의 왼쪽에서 컴퓨터 작업을 하고 있습니다.

>> Keep in Mind!

:: 무엇인가 작업을 하고 있다면 work on [작업 대상]으로 사용할 것

Pattern 36

looking at some documents

p036.mp3 문서를 보고 있는

Add up

 10 wearing a suit
정장을 입은

 18 sitting around the table
테이블에 둘러앉아 있는

Intensive Training Company workers wearing black suits are sitting around the table and looking at some documents.

검은 정장을 입은 회사원들이 테이블에 둘러앉아 몇 부의 서류를 보고 있습니다.

Pattern 37 — shaking hands with each other

p037.mp3 서로 악수를 하는

Add up

 28 smiling
웃고 있는

 41 in the back(ground of the picture)
그림의 뒤쪽에

Intensive Training

Two company workers in the back(ground of the picture) are shaking hands with each other while smiling.

그림의 뒤쪽에 두 명의 회사원들이 웃으며 서로 악수를 하고 있습니다.

Pattern 38 — giving a presentation

p038.mp3 발표를 하는

Add up

 + with a tie
넥타이를 맨

Intensive Training

A company worker with a tie is giving a presentation.

넥타이를 맨 한 회사원이 발표하고 있습니다.

>> Keep in Mind!

∷ necktie(넥타이)라고 하지 않고 그냥 a tie

44

Pattern 39

listening to her/ him

p039.mp3 그녀/ 그의 말을 듣고 있는

Add up

18

sitting around the tables
테이블들에 둘러앉아 있는

Intensive Training

A lot of company workers sitting around the tables are listening to him.

테이블들에 둘러 앉아있는 많은 회사원들이 그의 말을 듣고 있습니다.

>> Keep in Mind!

:: 누군가의 이야기를 듣고 있을 때 단순하게 listening to her/ him으로 표현한다

묘사 종류

a company
worker

Pattern 40

talking on the phone

p040.mp3 통화를 하는

Add up

16

looking at something
무엇인가 보고 있는

Intensive Training

A company worker wearing a suit is talking on the phone and looking at something.

정장을 입은 한 회사원이 통화하면서 무엇인가 보고 있습니다.

토스를 끝내는 전치사의 위치 표현

사진 묘사를 잘하려면 사람 또는 사물의 위치를 정확히 짚어주어야 합니다.

고득점에 직접적인 영향을 주는 전치사구는 정교한 사람/ 사물 묘사에 매우 중요합니다.

주로 in, on, at을 쓰게 되는데, 묘사 초반에 '이 사진은 어떤 사진이다.'라고 명시하게 되므로, 예를 들어 [on the left side of the picture: 사진의 왼쪽에]라고 사진의 왼쪽에 있는 사람/ 사물의 위치를 말할 때, –side와 of the picture는 시간 관계상 생략해 줄 수도 있습니다.

of the를 쓸 경우, "어러~" 처럼 빠르게 연음처리 하여 쓸대없이 시간을 낭비하지 않도록 합시다.

in the foreground (of the picture)

p041.mp3 그림의 앞쪽에

Intensive Training

Some children are lined up in a row in the foreground (of the picture).

그림의 앞쪽에 몇 명의 아이들이 한 줄로 서 있습니다.

>> Keep in Mind!

:: of the picture 생략 가능

어휘 are lined up in a row 한 줄로 서다

in the middle (of the picture)

p042.mp3 그림의 중간에

Intensive Training

A woman wearing a suit is standing in the middle (of the picture).

정장을 입은 한 여자가 그림의 중간에 서 있습니다.

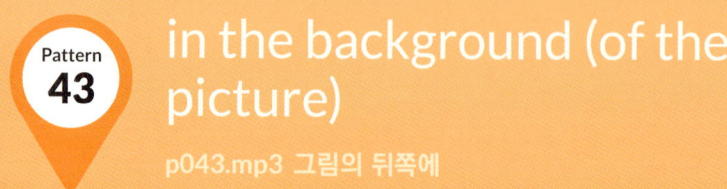

묘사 종류

in

Pattern 43

in the background (of the picture)

p043.mp3 그림의 뒤쪽에

A lot of men wearing heavy clothes are walking along the street **in the back**(ground of the picture).

두꺼운 옷을 입은 많은 남자가 그림의 뒤쪽에서 길을 따라 걷고 있습니다.

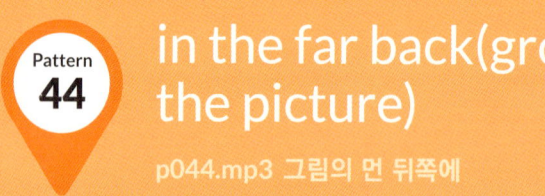

묘사 종류

in

Pattern 44

in the far back(ground of the picture)

p044.mp3 그림의 먼 뒤쪽에

Many buildings and trees can be seen **in the far back**(ground of the picture).

많은 빌딩과 나무들이 그림의 먼 뒤쪽에 보입니다.

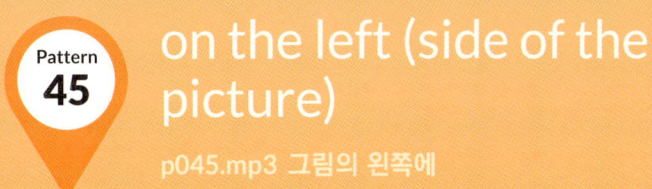

Intensive Training

A man on the left (side of the picture) wearing a uniform is dealing with the customers.

그림의 왼쪽에 유니폼을 입은 한 남자가 손님들을 응대하고 있습니다.

>> Keep in Mind!

The books **on the table** are arranged **in a row**.
　명사를 수식하면 형용사구　　　동사를 수식하면 부사구

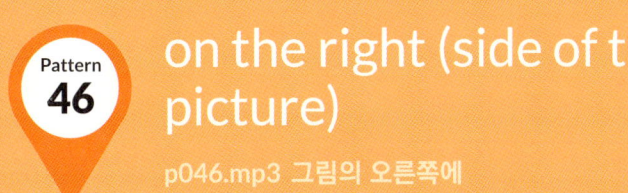

Intensive Training

Two girls wearing colorful clothes are talking about something together on the right (side of the picture).

다양한 색상의 옷을 입은 두 소녀가 그림의 오른쪽에서 함께 이야기하고 있습니다.

>> Keep in Mind!

어휘 together 함께

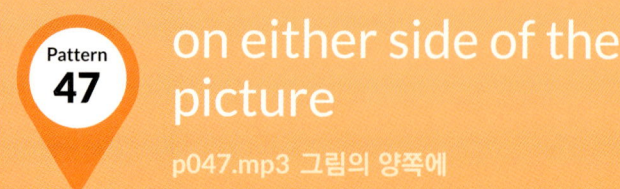

Pattern 47

on either side of the picture

p047.mp3 그림의 양쪽에

Intensive Training

On either side of the picture, some benches are located on the street.

몇 개의 벤치들이 그림의 양쪽 길 위에 자리 잡고 있습니다.

>> Keep in Mind!

:: of the picture가 기준점이므로 꼭 붙여야 한다

Pattern 48

on the floor/ on the street/ on the beach

p048.mp3 바닥에/ 길 위에/ 바닷가에

Intensive Training

In the middle (of the picture), I can see a lot of people lying **on the beach**.

바닷가에 누워있는 많은 사람들이 그림의 중간에 보입니다.

Pattern 49

at the top (of the picture)

p049.mp3 그림의 위쪽에

Intensive Training

Some books, files and documents are arranged at the top (of the picture).

몇 권의 책들, 파일들과 서류들이 그림의 위쪽에 정렬되어 있습니다.

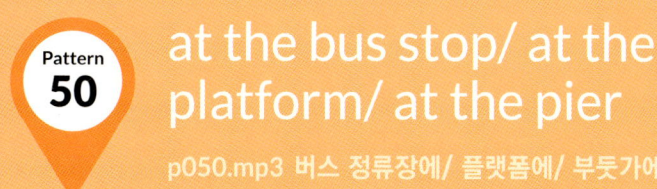

Pattern 50

at the bus stop/ at the platform/ at the pier

p050.mp3 버스 정류장에/ 플랫폼에/ 부둣가에

Intensive Training

A large train is stopped at the platform on the right (side of the picture).

오른쪽에 있는 플랫폼에 큰 기차 한 대가 멈춰있습니다.

>> Keep in Mind!

:: 전치사구는 바로 앞에 있는 명사를 직접적으로 수식한다

JOANNE PARK TOEIC SPEAKING
EXPRESS 678

토스를
끝내는
사물의
상태 표현

사진 묘사에 자주 등장하는 사물 단어들이 있습니다. 아는 사물이 나오면 단수인지 복수인지부터 파악하세요. 그리고 스피드를 올려 여러 번 연습해주면 입에 붙게 되죠.

과거 분사를 사용해 '~된 상태'라고 표현하고 전치사구를 붙여서 빵빵하게 묘사해 줍니다.
사물이어도 능동적 행동을 하는 사물이면 be + 동사ing의 현재분사로 꾸며주세요.

지금 부터 대부분의 사물들은 어떤 상태들인지 알아 볼까요?

묘사 종류	Pattern **51**	**is/ are located**
buildings		p051.mp3 ~자리 잡고 있다

Add up

 44 in the far back(ground of the picture)
그림의 먼 뒤쪽에

Intensive Training Buildings **are located** in the far back(ground of the picture).

빌딩들이 그림의 먼 뒤쪽에 자리 잡고 있습니다.

>> Keep in Mind!

:: 수동태는 항상 전치사 (장소 정보) 동반

묘사 종류	Pattern **52**	**is/ are stopped**
cars		p052.mp3 ~멈춰 있다

Add up

 + along the street
길을 따라서

Intensive Training Cars **are stopped** along the street.

차들이 길을 따라 멈춰 있습니다.

is/ are planted

p053.mp3 ~심어져 있다

Add up

 on the left (side of the picture)
그림의 왼쪽에

 on the right (side of the picture)
그림의 오른쪽에

Intensive Training

Street lights are planted on the left (side of the picture).

가로등들이 그림의 왼쪽에 심어져 있습니다.

Trees are planted on the right (side of the picture).

나무들이 그림의 오른쪽에 심어져 있습니다.

묘사 종류

books

is/ are arranged

p054.mp3 ~정렬되어 있다

Add up

 in rows / on the shelf(shelves)
몇 줄로/ 진열대(들)위에

Intensive Training

A lot of books are arranged in rows on the shelves.

많은 책이 진열대 위에 몇 줄로 정렬되어 있습니다.

묘사 종류

a boat

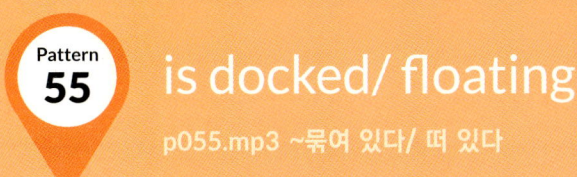

Pattern 55

is docked/ floating

p055.mp3 ~묶여 있다/ 떠 있다

Add up

 50

at the pier
부둣가에

 +

in the harbor
항구에

Intensive Training

A large boat **is docked** at the pier.

큰 보트가 부둣가에 묶여있습니다.

White boats **are floating** in the harbor.

흰색 보트들이 항구에 떠 있습니다.

>> Keep in Mind!

:: 스스로 행동을 하는 사물에는 be+동사ing를 붙여 액션을 생생히 묘사 할 것

묘사 종류

**조연급 사물/
사람의 묘사**

Pattern 56

There is~/ There are~

p056.mp3 ~이(들이) 있다

국어와는 다르게 초반부터 '~(들)이 있다.'로 주어 동사를 먼저 써서 시작하는 문장입니다.
There is 단수, There are 복수로 수일치를 해주어 합니다.

Intensive Training

There are books, a camera and some files on the table.

테이블에 책들, 카메라 한 개 그리고 몇 부의 파일들이 있습니다.

There is a computer, cups of coffee and books on the desk.

책상 위에 컴퓨터 한 대, 커피 몇 잔들 그리고 책들이 있습니다.

>> Keep in Mind!

:: 뒤에 오는 명사의 수에 따라 there is/ are가 결정

**Pattern
57**

[사물/사람(들)] can be seen in the background

p057.mp3 저 멀리에 [사물/사람(들)]이 보인다

사진의 뒤 쪽에 있는 것은 자세히 보이는 것이 아니므로 단순하게 '무엇(들)이 보인다'는 식으로 간단히 묘사해 주세요. can be seen 앞은 수일치할 필요도 없어서 빠르고 편합니다.

Intensive Training A lot of buildings can be seen in the background (of the picture).

그림의 뒤쪽에 많은 빌딩이 보입니다.

>> Keep in Mind!

:: seen 발음을 길~게 빼주기

**Pattern
58**

People look busy.

p058.mp3 사람들이 바빠 보인다

사진 묘사의 마무리는 사진에 대한 주관적 묘사로 '사람들이 어떻게 보인다.'로 마무리 합니다.

Add up

 Overall, ~
전반적으로, ~

 happy/ quiet/ fun
행복해/ 조용해/ 재밌는

Intensive Training Overall, people look busy.

전반적으로, 사람들이 바빠 보인다.

>> Keep in Mind!

:: 사람 주어가 겪은 느낌은 과거분사를 써야 한다
People look relaxing. (X) → People look relaxed. (O)

56

The atmosphere of this picture is quiet.

p059.mp3 이 사진의 분위기가 조용하다

사람 주어로 말하기 싫다면 '이 사진이 어떠하다.' 처럼 사물 주어로 마무리해도 좋습니다.

Add up

 Overall, ~
전반적으로, ~

 relaxing/ serious
편안해/ 심각해

Intensive Training

Overall, the atmosphere of this picture is quiet.

전반적으로, 이 사진의 분위기가 조용하다.

>> Keep in Mind!

:: relaxed 사람이 느긋한/ relaxing 마음을 느긋하게 해주는
The atmosphere of this picture relaxed. (X)
→ The atmosphere of this picture relaxing. (O)

:: the atmosphere 발음 주의 → 디 엣:머쓰fi어

토스를
끝내는
문장
꼬리잡기

이곳은 놀면서 공부하는 페이지! 영어 문장을 길게 만들려면 꼬리잡기를 해야 합니다.

어렸을 때, 꼬리잡기하던 느낌으로 지금부터 정신을 집중하시고, 수식어를 하나씩 이어 붙여 보세요.

새로운 형용사/ 분사/ 전치사들을 붙일 때마다, 점점 발화량이 늘어나고 풍부한 상세 묘사가 가능해 진다는 사실!

Pattern 60 단수 문장 만들기

p060.mp3

Intensive Training에서 [/] 뒤에 사용할 추가 패턴으로 Add up의 예시를 활용해 보세요.

Add up

 pointing at something 무엇인가 가리키고 있는

 relaxing on a chair 의자에서 쉬고 있는

 wearing glasses 안경을 쓴

 entering the building 빌딩으로 들어오는

 reading a newspaper 신문을 읽고 있는

Intensive Training

There is a man.
한 남자가 있습니다.

There is an elderly man.
나이 든 한 남자가 있습니다.

There is an elderly man/ reaching for some veggies.
야채로 손을 뻗고 있는 나이 든 한 남자가 있습니다.

There is an elderly man/ reaching for some colorful veggies.
다양한 색상의 야채로 손을 뻗고 있는 나이 든 한 남자가 있습니다.

There is an elderly man/ reaching for some colorful fruits & veggies on the market stall.
자판 위에 있는 다양한 색상의 과일과 야채로 손을 뻗고 있는 나이 든 한 남자가 있습니다.

- 형용사
- 분사
- 전치사구

>> **Keep in Mind!**

:: An elderly woman/ an elderly couple/ a girl/ a boy 등으로 인칭 바꾸어 연습!

어휘 veggies = vegetables의 줄임말

Pattern
61

복수 문장 만들기 (1)

p061.mp3

Intensive Training에서 [/] 뒤에 사용할 추가 패턴으로 Add up의 예시를 활용해 보세요.

Add up

 smiling to each other <u>around the table</u> <u>in the meeting room</u>
회의실 내 테이블 주변으로 서로 웃고 있는

 checking some items <u>in front of the shelves</u> <u>at the market</u>
마켓 내 선반들 앞에서 물건을 고르는

Intensive Training

There are two women.
2명의 여자가 있습니다.

There are two women/ talking about something.
무엇인가 이야기하는 2명의 여자가 있습니다.

There are two women/ talking about something <u>on the street</u>.
무엇인가 이야기하는 2명의 여자가 길 위에 있습니다.

- 형용사
- 분사
- 전치사구

There are two women/ talking about something <u>on the street</u> <u>in front of a parking lot</u>.
무엇인가 이야기하는 2명의 여자가 주차장 앞 길 위에 있습니다.

>> Keep in Mind!

:: 영어는 끊어 읽기가 생명!
  [/] 부분에서 쉬어가며 말하고 말꼬리는 위로 올려주며 쉬어야 끝난 느낌이 들지 않으니 주의

:: women 발음 → 위민

60

Pattern 62

복수 문장 만들기 (2)

p062.mp3

Intensive Training에서 [/] 뒤에 사용할 추가 패턴으로 Add up의 예시를 활용해 보세요.

Add up

 having a good time in the park
공원에서 좋은 시간을 보내는

Intensive Training

There are a lot of people.
많은 사람들이 있습니다.

There are a lot of people/ sitting around the tables.
테이블들에 둘러앉은 많은 사람들이 있습니다.

There are a lot of people/ sitting around the tables
in groups.
테이블들에 그룹 지어 둘러앉은 많은 사람들이 있습니다.

- 형용사
- 분사
- 전치사구

There are a lot of people/ sitting around the tables
in groups in the restaurant.
식당 내 테이블들에 그룹 지어 둘러 앉은 많은 사람들이 있습니다.

>> Keep in Mind!

어휘   in a group 한 그룹으로   in groups 그룹 지어

Describe a Picture

사진의 일부분씩 디테일하게 말하는 스피킹 훈련을 해보세요.

Q3

Self Check   ① ② ③ ④ ⑤ ⑥ ⑦ ⑨ ⑩

PREPARATION TIME	RESPONSE TIME
00:00:30	00:00:45

mini test
ANSWER 678

 **Level 6**  minitest_a03_lv6.mp3

This is a picture of a clothing store. A woman is sitting and touching her shoes. She is smiling. Next to her, a woman is looking at the shoes. A woman wearing a blue shirt is standing and looking at her green shoes on the right side of the picture. I can see a lot of clothes in the back. Overall, people look happy.

이 사진은 옷 가게의 사진입니다. 한 여자가 앉아서 신발을 만지고 있습니다. 그녀는 웃고 있습니다. 그녀 옆에, 한 여자가 신발을 보고 있습니다. 오른쪽에 한 여자는 파란 셔츠를 입고 서서 그녀의 녹색 신발을 보고 있습니다. 뒤에 많은 옷이 보입니다. 전반적으로, 사람들은 즐거워 보입니다.

Level 7  minitest_a03_lv7.mp3

This is a picture of a clothing store. A woman in the foreground is sitting on a stool and trying a pink shoe on. She is smiling at her friends. Next to her, a woman in the middle is looking at the shoe. A woman wearing a blue shirt on the right is standing and looking at her green shoes while posing. A lot of clothes are hanging on the clothing rack in the back. Overall, people look happy.

이 사진은 옷 가게의 사진입니다. 앞에 있는 한 여자가 스툴 의자에 앉아서 핑크색 신발을 신어보고 있습니다. 그녀는 자기의 친구들을 향해 웃고 있습니다. 그녀 옆에, 가운데 있는 한 여자가 그 신발을 보고 있습니다. 오른쪽에 파란 셔츠를 입은 한 여자가 서서 포즈를 취하며 그녀의 녹색 신발을 보고 있습니다. 뒤에 많은 옷이 옷걸이에 걸려있습니다. 전반적으로, 사람들은 즐거워 보입니다.

minitest_a03_lv8.mp3

This is a picture of a clothing store. A woman in the foreground is sitting on a stool and trying a pink shoe on while smiling at her friends. Next to her, a woman in the middle is leaning forward and looking at the shoe. A woman wearing a blue shirt on the right is standing and checking her green shoes out while carrying a shopping bag on her arm. She is posing while smiling. A lot of colorful clothes are hanging in a row on the clothing rack behind them. I can see some shopping bags located on the left behind the stool. Overall, people look fun and enjoyable.

이 사진은 옷 가게의 사진입니다. 앞에 있는 한 여자가 스툴 의자에 앉아서 그녀의 친구들을 향해 웃으며 핑크색 신발을 신어 보고 있습니다. 그녀 옆에, 가운데 있는 한 여자가 몸을 앞으로 숙이고 그 신발을 보고 있습니다. 오른쪽에 파란 셔츠를 입은 한 여자가 서서 팔에 가방을 든 채 그녀의 녹색 신발이 어울리는지 확인해 보고 있습니다. 그녀는 포즈를 취하며 웃고 있습니다. 그들의 뒤로는 많은 다양한 색상의 옷들이 한 줄로 옷걸이에 걸려있습니다. 그림의 왼쪽에는 스툴 의자 옆으로 몇 개의 쇼핑백도 볼 수 있습니다. 전반적으로, 사람들은 재미있고 즐거워 보입니다.

PART 3

Respond to Questions
짧은 질문에 답하기

문제 번호	Q4, 5, 6
준비 시간 / 답변 시간	준비 시간 없음 / 답변 시간 **Q4: 15초, Q5: 15초, Q6: 30초**
유형 상세 설명	어떤 회사에서 걸려온 전화 인터뷰에 응한다는 나레이션을 들은 후 짧은 질문에 응답하는 파트입니다. 한 가지 주제에 대하여 총 3문제가 출제되며 질문은 눈에 보이고 귀로도 들립니다. 준비 시간이 없어서 미리 주제별로 답할 수 있는 꺼리나 패턴의 암기가 필수이고, 늘 통하는 아이디어 등을 상상력을 동원해 현실성 있고 일관되게 풀어나갈 수 있는지를 평가하게 됩니다.
공부 방향 및 고득점 포인트	의문문 유형은 Yes or No Questions와 WH Questions 2가지로 이루어져 있는데, 묻지 않은 다른 의문문의 답변도 추가 정보로 덧붙여 상세 설명을 하면 고득점을 받을 수 있습니다. 오지랖 넓게 이런저런 내용을 이야기하는 것이 이 파트에 핵심 득점 비법! 전달력 있게 발음과 억양을 분명하게 하고, 문법과 어휘에서 실수 없는 유창한 어투가 매우 중요합니다. 예상 질문을 보면서 상응하는 답변 패턴을 몇 가지 골라 미리 스피킹 연습을 해두면 급한 순간 요긴하게 '탁' 사용할 수 있어서 좋습니다. Pattern Practice는 질문의 종류, Pattern Combo는 계속 섞어 쓸 수 있는 다양한 답변 패턴과 추가 정보로 이루어져 있습니다. 중간에 나오는, 토스를 끝장내는 [착한 뻥 팁] 아이디어까지 모두 함께 장문으로 붙이는 연습을 해주면 Part 3쯤은 웃으며 넘어갈 수 있습니다.
문제당 점수	각 3점 만점

Pattern
63

Where do you usually go when the weather is good?

p063.mp3 날씨가 좋을 때 주로 어디에 갑니까?

[장소]를 묻는 Where 질문으로 어디서 무엇을 하는지까지 묻기 좋아서 what의 정보와 함께 답해주면 편합니다. 질문을 잘 읽어 보고, 어디서 그것을 하면 좋을지 생각하되 무엇을 하든지 '집주변에서~'라는 수식어를 함께 붙여 준다면 발화량 확보에 최고라는 꼼수 팁!

Pattern Combo (Answer)

 97 with my friends or family
내 친구들이나 가족과

 + called ~
~불리는

 + near my place
집 근처에 있는

Intensive Training

When the weather is good, I usually go to the park called Central Park near my place to work out with my friends or family.

날씨가 좋을 때, 저는 주로 제 친구들이나 가족과 집 근처에 있는 센트럴 파크라 불리는 공원에 운동하러 갑니다.

>> Keep in Mind!

:: 부사구는 장소 → 방법 → 시간의 순서로 말하기
  * 시험에서 잘 쓰이는 3장소 부사구
    at home 집에서/ at work 직장에서/ at school 학교에서

어휘 work out 운동하다

How do you learn about museums in your area?

Pattern 64

p064.mp3 집주변 박물관들은 어떻게 찾나요?

[수단과 방법]을 묻는 How 질문입니다. 요즘 거의 모든 정보는 인터넷으로 찾으시죠? 그럼, 어떤 수단을 주로 쓰세요? 핸드폰이나 컴퓨터 아닐까요? 이렇게 추가 질문을 생각하면서 꼬리에 꼬리를 물고 다음 질문에 대해 떠올리는 작업을 하다 보면 당연히 컨텐츠도 훨씬 많이 확보됩니다.

이 인터넷과 관련된 기기는 빠르고 간편한 답변으로 무적의 아이디어 되겠습니다.

Pattern Combo (Answer)

 87 **on the internet/ online**
인터넷으로/ 온라인으로

 88 **by using my smartphone**
내 스마트폰을 써서

Intensive Training

I usually learn about museums in my area on the internet by using my smartphone because it is a fast way to get information about new museums.

저는 제 스마트폰을 써서 인터넷으로 집주변 박물관을 찾는데 그 이유는 새로운 박물관의 정보를 빠르게 얻을 수 있기 때문입니다.

>> Keep in Mind!

 learn 배우다   learn about~ ~에 대해 찾다 = find out

Pattern 65

How often do you listen to the radio?

p065.mp3 라디오를 얼마나 자주 듣습니까?

질문에서 보이는 동사를 [얼마나 자주 하는지] 빈도를 묻는 How often 의문사입니다. 영화를 얼마나 자주 보는지 물으면 '한 달에 한두 번', 동물원을 얼마나 자주 가는지 물으면 '일 년에 한두 번'처럼 패턴을 몇 가지만 암기해 빠르게 대답해야 시간을 아낄 수 있습니다. 그런데 만약, 물을 얼마나 자주 마시는지 물었을 때, '하루에 한두 번...'이라고 대답하고는 '아, 너무 안 마시나?' 하고 급 민망해질 수 있겠으니, 빈도가 잦은 질문의 대답은 '열 번 이상' 등의 패턴도 하나 암기해 두죠. How many times~?도 같은 질문이니 헷갈리지 말 것!

Pattern Combo (Answer)

 everyday
매일

 more than 10 times
열 번 이상

 about once or twice a day/ a week/ a month/ a year
하루에/ 일주일에/ 한 달에/ 일 년에 한두 번 정도

Intensive Training

I listen to the radio about once or twice a day on the bus by using my smartphone in the morning.

저는 하루에 한두 번 정도 아침에 제 스마트폰을 써서 버스에서 라디오를 듣습니다.

>> Keep in Mind!

:: How many times~ 빈도의 양
　How much time~ 시간의 양

어휘 on the bus/ subway 버스에서/ 지하철에서

Pattern 66

How long have you lived in your neighborhood?

p066.mp3 지금 사는 동네에 얼마나 오래 사셨나요?

[얼마나 오래 걸리는지 시간의 양/ 기간]을 물어보는 How long 질문입니다. How long(기간)과 How often(빈도)는 많이 헷갈리는 질문인데, 기간을 나타내는 질문에 답은 전치사 [for/ about 기간]으로 답하면 됩니다. '언제부터 지금까지 해왔다'는 완료형(have+p.p) 답변에는 since를 쓴다는 것을 기억하세요.

Pattern Combo (Answer)

 since 2014
2014년부터

 for two years
2년 동안

Intensive Training

I have lived in my neighborhood with my family since 2014.

저는 가족과 함께 2014년부터 이 동네에 살고 있습니다.

My family and I have lived in my neighborhood for two years.

가족과 저는 이 동네에서 2년 동안 살고 있습니다.

>> Keep in Mind!

:: 기간 → for ~동안
   시점 → since ~이후로

How much time do you usually spend talking on the phone each day?

p067.mp3 하루에 통화하는데 얼마나 많은 시간을 소요하나요?

앞 장에서 봤던 How long과 같이 [기간/ 시간의 양]을 묻는 How much time 질문입니다. How much time(시간의 양)과 How many times(행동의 빈도) 질문은 여차하면 틀리는 포인트이니 두 눈 크게 뜨고 질문을 정확히 봐야 합니다.

Pattern Combo (Answer)

 40 talking on the phone
통화를 하는

 93 get rid of stress
스트레스를 풀다

 97 with my friends or family
내 친구들이나 가족과

 + about 20 minutes/ two hours a day
하루에 20분 정도/ 2시간 정도

Intensive Training

I usually spend about two hours a day talking on the phone with my friends or family because I can get rid of stress that way.

저는 주로 제 친구들이나 가족과 통화를 하는데 하루에 2시간 정도 시간을 쓰는데 그 이유는 스트레스가 풀리기 때문입니다.

>> Keep in Mind!

:: hour는 셀 수 있다
  * for 2 hours 2시간 동안

:: spend 돈/ 시간 on 명사
  * I spend 2 dollars on a cup of coffee everyday.
    저는 매일 커피 한 잔에 2달러를 씁니다.

  spend 돈/ 시간 분사
  * I spend 2 dollars buying a cup of coffee everyday.
    저는 매일 커피 한 잔을 사는 것에 2달러를 씁니다.

How much did you spend on clothes shopping last month?

p068.mp3 당신은 옷 쇼핑으로 지난달에 얼마를 썼습니까?

How 뒤에 much가 붙어 [얼마나 많이] 즉, 가격을 물어보는 How much 질문입니다. 이 질문에서 가장 많이 등장하는 동사가 spend인데, [spend + 돈/ 시간 + 동사ing]로 to부정사는 문법상 틀리므로 꼭 동사ing의 형태로만 사용하세요. 입에 붙지 않아서 학생들의 실수가 가장 많은 부분 중 하나 입니다.

Pattern Combo (Answer)

 on the internet/ online
인터넷으로/ 온라인으로

 near my place
집 근처에 있는

 about 20 dollars/ 100 dollars per month
한 달에 20달러 정도/ 100달러 정도

 at the department store
백화점에서

Intensive Training

I spent about 100 dollars on clothes shopping last month at the department store near my place.

지난달에 집주변 백화점에서 옷 쇼핑에 100달러 정도 썼습니다.

>> Keep in Mind!

:: How important~와 같이 [얼마나 중요한가?]로 자주 보지 못한 질문이 시험에서 나오기도 하니 참고

Pattern 69

How far is it to your school or workplace?

p069.mp3 당신의 학교나 회사는 얼마나 멀리에 있습니까?

[얼마나 멀리 떨어져 있는지] 거리를 물어보는 How far 질문입니다. 자주 나오진 않지만 나오면 당황스러운 문제. 우리나라에서는 Kilometers 단위를 쓰지만 원한다면 Miles나 blocks로 대답할 수도 있습니다. 두 가지 단위 중 미리 하나 골라두고 '우리 집으로부터' 와 같이 추가로 붙여줄 내용도 함께 기억하세요. 수단/방법으로 간다는 묘사까지 붙이려면 [by 수단/방법] 또는 얼마나 걸리는지 [about 소요 시간] 등을 덧붙여 대답하면 고득점이 확실합니다.

Pattern Combo (Answer)

 one mile/ two blocks away from my place
우리 집에서 1마일/ 2블럭 떨어진

 about five minutes
5분 정도

 by bus
버스로

Intensive Training

My school is one mile from my place. It takes about five minutes by bus to get there.

우리 학교는 우리 집에서 1마일 떨어져 있습니다. 거기까지는 버스로 5분 걸립니다.

>> Keep in Mind!

:: It takes [소요 시간] 시간/거리는 It 주어를 쓴다

:: by [교통 수단: bus/ car/ bike] by the bus처럼 관사는 쓰지 않는다

:: about과 for 둘 다 쓰려면 for about의 순서로 사용
  * for about 10 minutes 약 10분 정도

어휘 1 Mile = 1.6 Kilometer   2 Miles = 3.2 Kilometers
from my place 우리 집에서

When was the last time you went to a park? And who did you go with?

p070.mp3 마지막으로 공원에 간 것은 언제입니까?
또 누구와 함께 갔습니까?

[언제]를 묻는 말로 시점, 때에 해당하는 When 질문입니다. 현재형으로 묻는다면 평상시의 행태를 묻는 질문으로, 하루의 어떤 시간대에 ~을 하는지 묻는 것이겠지만, 과거형이라면 [언제 마지막으로 ~을 했는지]를 묻는 추세이기 때문에 과거 시제와 함께 긴급한 허구의 경험을 급조하는 것이 생명입니다. 가끔, 급하게 휘익~ 보는 학생들은 where로 읽기도 한다는 놀라운 사실!

Pattern Combo (Answer)

two days ago/ last week
이틀 전에/ 지난주에

Intensive Training

I went to a park two days ago with my sister. I worked out for two hours there.

저는 제 여동생과 이틀 전에 공원에 갔었습니다. 거기서 두 시간 동안 운동을 했습니다.

>> Keep in Mind!

:: Part 3은 2가지 의문문을 한 질문으로 묻는 경우가 많은데, 각 질문별 답안을 말해주어야 좋은 점수를 받을 수 있다.
또한, 과거형으로 묻는 질문에서는 과거 동사를 써주고 두루뭉술한 내용보다는 확실한 내용으로 사실에 근거한 대답을 한다는 개념을 갖고 답하자.

:: 시제와 수일치에 주의. 또 주의!
특히, 과거의 시점을 답할 땐, before가 아니고 ago

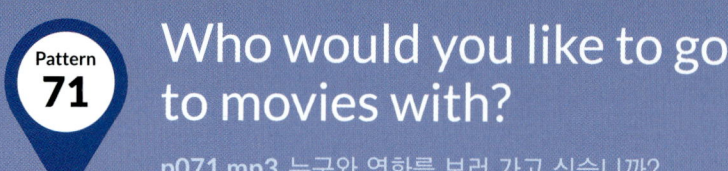

Who would you like to go to movies with?

p071.mp3 누구와 영화를 보러 가고 싶습니까?

[누구]인지를 묻는 Who 의문사입니다. 보통 질문의 끝에 with가 붙어 [누구와 함께하나?]를 묻는 질문으로 먼저 어떤 의문사를 묻고 이어서 2번째 질문으로 덧붙여 물을때가 많습니다.

Pattern Combo (Answer)

 96 spend a good time
좋은 시간을 보내다

 176 while [동사ing] ~
[동사ing]를 하면서 ~

 97 with my friends or family
내 친구들이나 가족과

Intensive Training

I'd like to go to movies with my boyfriend since we would have a great time together while watching a cool movie.

저는 제 남자친구와 영화를 보러 가고 싶은데, 이유는 멋진 영화를 함께 보면서 좋은 시간을 보낼 수 있을 것이기 때문입니다.

I'd like to go to movies with my friends or family because I want to spend a good time with them.

저는 제 친구들이나 가족과 영화를 보러 가고 싶은데, 이유는 그들과 좋은 시간을 보내고 싶기 때문입니다.

>> Keep in Mind!

 어휘   go to movies 영화 보러 가다
since = because ~이기 때문에
cool 멋진

I'd = I would ~을 하고 싶다
together 함께

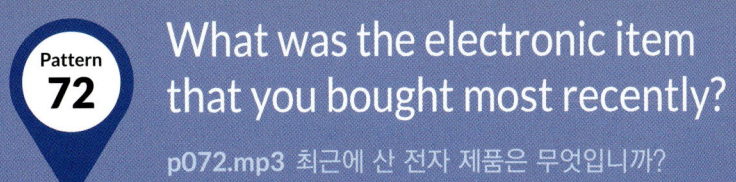

Pattern
72

What was the electronic item that you bought most recently?

p072.mp3 최근에 산 전자 제품은 무엇입니까?

[무엇]인지 직접적인 명사 단어를 묻는 What 질문입니다. 시제와 수일치를 주의해서 답변하고 꼭 고유명사가 나와야 합니다. 추가 내용을 덧붙여 설명하면 시간도 잘 가고 점수도 잘 나옵니다.

Pattern Combo
(Answer)

 87 on the internet/ online
인터넷으로/ 온라인으로

 88 by using my smartphone
내 스마트폰을 써서

 + about two weeks ago
약 2주 전에

Intensive Training I bought a camera from LG recently on the internet by using my smartphone about two weeks ago.

저는 약 2주 전에 인터넷으로 제 스마트폰을 써서 LG 카메라를 샀습니다.

>> Keep in Mind!

:: 할 말이 다 끝났는데 뒤에 어중간하게 4초가 남았다면 그게 좋은지 싫은지 나의 느낌을
덧붙여주면 만사형통
ex) I really enjoy using it.
I love my smartphone.
It's very convenient to use.

어휘 a camera from LG : LG 카메라   recently 발음 주의 → 뤼:쓴리

What time of the day do you think is the best time for going to parks? Why?

p073.mp3 당신이 생각하기에 공원에 가기 가장 좋은
시간은 하루 중 언제입니까? 이유는?

하루 중 [어떤 시간]에, 즉 하루 중 시간의 시점을 답변으로 주어야 하는 What time of the day 질문의 형태로서 When과 의미가 같습니다. 답변 패턴을 미리 암기해 놓아야 시험 시 빠르게 치고 나갈 수 있으니 훈련이 최선의 전략입니다.

Pattern Combo (Answer)

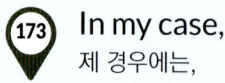 **173**

In my case,
제 경우에는,

Intensive Training

I think the best time for going to parks is the morning because in my case, I like jogging along the refreshing morning path with my dog.

저는 아침이 공원에 가기 가장 좋은 시간이라고 생각하는데, 이유는 반려견과 함께 상쾌한 아침의 오솔길을 따라 조깅하는 것을 좋아하기 때문입니다.

>> Keep in Mind!

:: 문법주의

The best time for going to parks is in the morning. (X)
→ The best time for going to parks is the morning. (O)
I usually go to parks in the morning. (O)

어휘   in the morning 아침에
in the afternoon 오후에
before lunch 점심 전
after lunch 점심 후
in the evening 저녁에

Pattern
74

What are the advantages of writing text messages?

p074.mp3 문자를 사용하는 것의 장점은 무엇입니까?

[장점 또는 단점이 무엇들이 있는지] 2개 이상의 이유를 말해달라는 질문으로 주로 9번에 등장하며 꽤 까다로운 질문의 형식입니다. Part 3의 경우, 질문이 눈에 보이기 때문에 문제의 어휘를 따서 답변에 재사용하는 경우가 많은데, 이 문제의 경우, 재사용 부분의 어휘 답변이 너무 길어져서 시간을 넘기게 되는 것이 함정입니다.
발화량을 확보할 수 있는 이유를 생각하고 편한 I 주어로 문장을 시작해야 서술형 답변으로 풀기가 쉽습니다.

Pattern Combo (Answer)

 81 save money
돈을 아끼다

 87 on the internet/ online
인터넷으로/ 온라인으로

 88 by using my smartphone
내 스마트폰을 써서

 97 with my friends or family
내 친구들이나 가족과

 91 communicate with ~
~와 소통을 하다

 + it is an easy way to [동사]
[동사]하기에 쉽다

 + more than ten times a day
하루에 10번 이상

Intensive Training

I write text messages by using my smartphone more than ten times a day because it is an easy way to communicate with my friends or family. Also, texting is free online these days so I can save money.

저는 하루에 열 번 이상 제 스마트폰을 써서 문자를 치는데, 그것이 제 친구들이나 가족과 소통을 하는데 쉽기 때문입니다. 또한, 온라인 문자는 무료라서 돈을 아낄 수 있습니다.

>> Keep in Mind!

:: 새로운 이유로 문장을 시작할 때 also, moreover 등으로 문장을 열어주자

어휘 these days = nowadays = recently 요즘에

What kinds of sports clubs were available in your high school?

p075.mp3 당신의 고등학교에서는 어떤 종류의 스포츠 클럽들이 있었습니까?

[어떤 종류/타입의] 라는 What kinds/ types 질문의 형태로 말 그대로 종류를 알려달라는 질문인데, 예를 들어, [What kinds of music do you like? 어떤 노래를 좋아하나요?] 라고 묻는 말에 노래 제목을 말한다면 엉뚱하게도 What에 대한 답변을 한 것이라 좋은 점수를 받기 힘들겠죠. 항상, 질문에 상응하는 답을 하는 것이 가장 확실히 득점하는 법입니다.

Pattern Combo (Answer)

 in my high school
나의 고등학교에서

Intensive Training

Soccer clubs, basketball clubs and yoga clubs were available in my high school.

저희 고등학교에는 축구 클럽들, 농구 클럽들과 요가 클럽들이 있었습니다.

>> Keep in Mind!

:: 갑자기 아무 생각이 안 나거나 질문을 이해 못 했을 땐, 당황하지 않고 마치 여유롭게 생각하는 것처럼 영어 filler (well, um, let me think...) 등을 날려주면서, 답변 거리를 재빨리 정리한 후, 키워드가 잘 들리게 짧은 문장으로 답변하면 토스 고득점. 끝!

Do you think that brands are important? Why or why not?

p076.mp3 당신이 생각하기에 브랜드가 중요합니까? 왜 혹은 왜 아니라고 생각합니까?

말 그대로 왜? 혹은 왜 아닌지? [이유를 물어보는] Why/ Why not 의문문입니다. 앞에 어떤 전제를 주고 2가지 옵션 중 하나를 택해서 대답해야 하므로 할 말이 많은 쪽으로 방향을 잡아 왜 그렇게 생각하는지 이유를 충분히 설명하는 데 주력해야 합니다. 이때, I can만 질리도록 쓰지 말고 다양한 주어와 동사로 시작 문장을 잘 잡고 어휘력을 뽐내어 주세요.

Pattern Combo (Answer)

 84 don't have enough money
여윳돈이 없다

 171 In my case,
제 경우에는,

 141 Yes, I think~/ No, I don't think~
네, 저는 ~라고 생각합니다/ 아니오, 저는 ~가 아니라고 생각합니다.

Intensive Training

No, I don't think that brands are important. In my case, I don't have enough money so the price is more important to me.

아니요, 브랜드는 중요하지 않다고 생각합니다. 제 경우에는, 여윳돈이 없어서 가격이 더 중요합니다.

>> Keep in Mind!

:: to me 나에게 (방향)
　→ Could you give it to me? 제게 그것을 주실 수 있으세요?

　for me 나의 삶을 위해 (내면)
　→ Could you pick it up for me? 저를 위해 그것을 주어주실 수 있으세요?

Do you think that physical activities are essential for a happy life? Why or why not?

p077.mp3 당신이 생각하기에 육체 운동이 행복한 삶을 위한 필수입니까? 왜 혹은 왜 아니라고 생각합니까?

Do you~? Is it~? Would you~?로 질문하면, 답변은 꼭 Yes or No로 시작되어야 함을 잊지 마세요. 이유를 추가 설명으로 붙여야 하기 때문에 초반에 방향 결정을 잘해야 하는데 초를 재는 문제라고 너무 급하게 방향을 설정하지 말고 Um... Let me think... In my case... 등 공간을 메우는 도입용 필러를 이용, 생각할 시간도 벌고 부드럽게 시작할 수 있게 연습해 두세요.

Pattern Combo (Answer)

 get rid of stress 스트레스를 풀다

 refresh (my)self 마음을 상쾌하게 하다

 Yes, I think~/ No, I don't think~ 네, 저는 ~라고 생각합니다/ 아니오, 저는 ~가 아니라고 생각합니다.

 while [동사ing] ~ [동사ing]를 하면서 ~

Intensive Training

Um... Yes, I think that physical activities are very essential for a happy life because I usually get rid of stress and refresh myself while working out at the gym.

음... 네, 육체 운동이 행복한 삶을 위해 매우 필수적이라고 생각하는데 왜냐하면, 체육관에서 운동하면서 스트레스가 풀리고 마음이 상쾌해지기 때문입니다.

>> Keep in Mind!

 at the gym 체육관에서

Pattern 78

Do you prefer to read newspapers or watch TV to get news?

p078.mp3 뉴스를 볼 때, 신문으로 읽는 것과 TV로 보는 것 중 무엇을 선호합니까?

prefer는 선호도를 묻는 말의 동사입니다. 2개 중 택1 해야 할 때, 대답은 늘 '네'로 대꾸를 해주자는 것이 포인트. 다시 말해, Yes, I prefer A (or B)로 대답해 주어야 하는 것에 주의하세요. prefer 뒤에 to 동사 또는 동사ing 둘 중 하나가 위치하면 되니, 더 잘되는 형식으로 연습해 주세요.

Pattern Combo (Answer)

 87 **on the internet/ online**
인터넷/ 온라인으로

 88 **by using my smartphone**
내 스마트폰을 써서

 + **Yes, I prefer to [동사].**
네, 저는 [동사]하는 것을 선호합니다.

Intensive Training

Yes, I prefer to read newspapers online to get news. I always find up-to-date news by using my smartphone anytime anywhere.

네, 저는 뉴스를 보기 위해 온라인으로 신문을 읽는 것을 선호합니다. 저는 항상 제 스마트폰을 써서 최신 뉴스를 언제 어디서나 찾습니다.

>> Keep in Mind!

 어휘 always 항상   up-to-date news 최신 뉴스
      anytime 언제라도   anywhere 어디서라도

Pattern 79

Would you spend your leisure time outdoors? Why or why not?

p079.mp3 당신의 여가를 야외에서 보낼 마음이 있습니까? 왜 혹은 왜 아니라고 생각합니까?

'~을 할 마음 또는 의향이 있는가?'를 공손히 물어보는 Would you~? 질문으로, '예' 또는 '아니요'로 대답한 후 이유를 말해주어야 합니다.

Pattern Combo (Answer)

 95 refresh (my)self
마음을 상쾌하게 하다

 97 with my friends or family
내 친구들이나 가족과

 + Yes, I would spend [돈/ 시간] [동사]-ing
네, 나는 [동사]-ing를 하며 [돈/ 시간]을 쓰고 싶다.

Intensive Training

Yes, I would spend my leisure time outdoors camping or hiking with my friends or family to refresh myself.

네, 저는 마음을 상쾌하게 하려고 친구들이나 가족과 캠핑 또는 하이킹하며 여가를 야외에서 보내고 싶습니다.

>> Keep in Mind!

:: spend 동사 뒤 → 동사ing (o) / to 동사 (x)

어휘 outdoors 야외에서

Pattern
80

Have you ever sent cards using e-mail?

p080.mp3 이메일로 카드를 보내본 적 있습니까?

'~을 해본 적 있는가?'처럼 [경험의 여부]를 묻는 Have you ever~? 질문인데, 경험해본 적이 한 번도 없는 컨텐츠를 만났을 때, '없어요'라고 답하면 뒤에 덧붙일 말이 없어서 낭패!

차라리, '해본 적 있다'는 식으로 답해주고 상상력을 동원하여 더 많은 추가 정보를 붙일 기회를 만드세요.

Part 3는 상상력과 유연한 거짓 정보가 생명임을 잊지 마세요.

Pattern Combo (Answer)

 by e-mail
이메일로

 last month
지난달

 It was very convenient to [동사]
[동사]하기가 매우 편하다.

Intensive Training

Yes, I sent a birthday card to my sister living abroad by e-mail last month. It was very convenient to send it over to her right away.

네, 지난달에 외국에서 사는 제 여동생에게 생일 카드를 이메일로 보냈습니다. 카드를 그녀에게 즉시 보내기 아주 편했습니다.

>> Keep in Mind!

 living abroad 해외에 사는   right away 즉시
by [수단/방법] : [수단/방법]으로

토스를
끝내는
착한 뻥 팁

이 책에서 가장 독특하지만 유용한 페이지! 아무리 10년을 제2 외국어 영어에 투자했어도, 당췌 초재며 말해본 적도 없는 영어 스피킹을 하루 아침에 원어민처럼 하겠다는 것은 사실, 욕심이겠죠.

하지만 토익스피킹 테스트는 사실 여부는 점수에 포함하지 않기 때문에 우선, 주어진 몇 초의 시간 동안 무슨 이야기라도 말을 많이 하는 것이 득점에 기본입니다.

다시 말해, 진솔하게 답하려고 어… 하다가 15초를 버리느니, 관련 경험은 없어도 상상력을 동원하여 이런저런 말을 지어내서 주절주절하는 것이 훨씬 좋다는 것입니다.

이리저리 붙여도 신기하게 말이 되는 '착한 뻥 팁'으로 발화량을 늘리고 풍부한 묘사를 해보세요.

Pattern
81

save money

p081.mp3 돈을 아끼다

우리의 인생은 돈과 아주 밀접하게 엮여 있지요. 어딜 가든 무엇을 사든 돈을 아끼고 싶다며 '스크루지 컨셉'으로 말을 이어가 봅시다.

Pattern Combo (Answer)

 84 **don't have enough money**
여윳돈이 없다

 87 **on the internet/ online**
인터넷/ 온라인으로

Intensive Training

I want to save money because I don't have enough money so I usually buy things online.

제가 돈을 아끼고 싶은 이유는 여윳돈이 없기 때문입니다. 그래서 저는 보통 인터넷으로 물건을 구매합니다.

>> Keep in Mind!

:: 지금 여기 파트에서 암기하는 patterns들은 실제 활용도가 높아서 평생 써먹을 수 있다.
단지, 시험을 위해서가 아니고 나의 회화 활용도를 위해 열공!

어휘 because 왜냐하면 / so 그래서
* 인과관계에 꼭 필요하니 암기!

Pattern 82

get a discount

p082.mp3 할인을 받다

돈을 아끼고자 한다면 당연히 할인받는 것이 아주 중요하죠. 할인받으려면 어디로 갈까요? 온라인에서 구매하면 싸고 편하겠죠. 또는 백화점에서 구매해도 할인 카드로 결제하면 되니까 어딜 가도 다 됩니다.

Pattern Combo (Answer)

 84 don't have enough money
여윳돈이 없다

 87 on the internet/ online
인터넷/ 온라인으로

 + at the department store
백화점에서

Intensive Training

I need to get a discount on the internet because I don't have enough money these days.

저는 인터넷에서 할인을 받아야 하는데 이유는 요즘에 여윳돈이 없기 때문입니다.

I tend to get a discount on the items I want at the department store because I have a membership card.

저는 멤버십카드가 있어서 백화점에서 제가 원하는 제품들을 할인받는 편입니다.

>> Keep in Mind!

 these days 요즘에   tend to ~하는 편이다
a membership card 멤버십카드

Pattern 83 have a tight budget

p083.mp3 예산이 빡빡하다

예산이 빡빡하여 돈을 아끼고 싶다는데 토를 달 사람이 있을까요? 예산이 한정되어 있으니 할인을 받고 싶고 그러면 돈을 아낄 수 있다고 비슷한 어휘 간에 상관관계를 정해 체계적으로 정리해 둡시다.

Pattern Combo (Answer)

 81 save money
돈을 아끼다

 82 get a discount
할인받다

Intensive Training

I have a tight budget so I need to get a discount to save money.

= I would like to get a discount to save money since I have a tight budget.

저는 예산이 빡빡해서 돈을 아끼기 위해서는 할인을 받아야 합니다.

Pattern 84 don't have enough money

p084.mp3 여윳돈이 없다

Pattern Combo (Answer)

87 on the internet/ online
인터넷/ 온라인으로

Intensive Training

I usually get a discount on the internet since I don't have enough money.

저는 여윳돈이 없어서 주로 인터넷으로 할인을 받습니다.

>> Keep in Mind!

 어휘   since = because 왜냐하면

spend time

p085.mp3 시간을 쓰다

어딘가에 시간을 쓰고 싶다면, 그것이 좋아서이고, 시간을 쓰고 싶지 않다면, 그것이 싫어서이겠죠? 그 어떤 질문이든지 행동의 이유와 상황을 설명해 주는 좋은 배경 지식을 채점관에게 덧붙여 말해 줄 수 있어서 득점에 많은 도움이 됩니다.

Pattern Combo (Answer)

 save time
시간을 아끼다

 by using my smartphone
내 스마트폰을 써서

Intensive Training

I don't want to spend time shopping at the department store so saving shopping time by using my smartphone is helpful.

저는 백화점에서 쇼핑하느라 시간을 낭비하고 싶지 않습니다. 그래서 제 스마트폰을 써서 쇼핑 시간을 아끼는 것은 유용합니다.

>> Keep in Mind!

:: spend/waste 뒤 → to [동사]는 틀리고 꼭 [동사]+ing 형태로 사용해야 한다.

:: 형용사를 쓰면 쓸수록 문장에 뉘앙스와 감정이 더욱 잘 드러난다

어휘 at the department store 백화점에서

답변 아이디어
시간

Pattern **86**

save time
p086.mp3 시간을 아끼다

시간을 아끼려면 어떤 수단을 이용한다? 인터넷... 기기는? 스마트폰...
스스로 반문하면서 대답의 길이와 내용을 확보하는 연습을 자주 하셔야 합니다.
점수의 신이 당신에게 손짓하는 것 같네요.

**Pattern
Combo
(Answer)**

 88 **by using my smartphone**
내 스마트폰을 써서

 89 **as long as I have internet access**
인터넷 사용만 가능하면

Intensive Training As long as I have internet access, I can save time to finding news by using my smartphone.

인터넷 사용만 가능하면, 제 스마트폰을 써서 새로운 뉴스를 찾는 것에 시간을 아낄 수 있습니다.

>> **Keep in Mind!**

:: I save time. = I don't want to waste time.
같은 뜻도 이렇게 다르게 해줄 수 있다.

:: 전치사 to를 써서 [뉴스를 찾는 것에] 시간을 아낀다고 수식할 수 있다

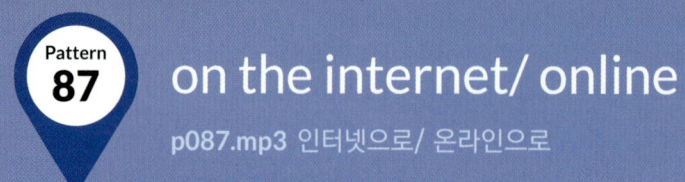

Pattern 87

on the internet/ online

p087.mp3 인터넷으로/ 온라인으로

수단, 방법, 장소를 묻는 말이 나오면 획일화된 답으로 '인터넷으로'라고 사용하기로 해요. 획일화된 답변이 늘 좋은 것은 아니지만, 시간대비 효율성 면에서 빠르고 자신감 있게 말할 수 있으니 타율을 높일 수 있습니다. 우선 토익스피킹 시험에서 시간 내 답변은 해서 점수부터 따놓고, 하고 싶은 어휘는 좀 더 시간을 갖고 공부해서 말하면 되니까. 늘 통하는 나만의 꿀 팁으로 인터넷을 간직하세요.

Pattern Combo (Answer)

 save money
돈을 아끼다

 get a discount
할인을 받다

 don't have enough money
여윳돈이 없다

Intensive Training

I don't have enough money. This is why I want to get a discount on the internet.

저는 여윳돈이 없습니다. 이것이 인터넷으로 할인을 받아야 하는 이유입니다.

It is easy for me to get a discount online. In this way, I can save money.

인터넷으로 할인을 받는 것은 제게는 쉬운 일입니다. 이 방법으로, 돈을 아낄 수 있습니다.

>> Keep in Mind!

 This is why 이것이 ~ 이유이다   in this way 이 방법으로

Pattern 88

by using my smartphone

p088.mp3 내 스마트폰을 써서

하루가 다르게 발전하고 있는 전자시장에서 mp3 플레이어는 벌써 한참 옛날 기기 같네요. 요즘에는 손바닥에 들어오는 작은 노트북이나 스마트폰 하나만 있으면 필요한 모든 기능을 바로 사용할 수 있으니, 스마트폰만 있으면 수단, 방법, 장소를 묻는 말에 답변은 문제 없습니다.

Pattern Combo (Answer)

 87 on the internet/ online
인터넷/ 온라인으로

 91 communicate with ~
~와 소통을 하다

 97 with my friends or family
내 친구들이나 가족과

Intensive Training

I often communicate with my friends or family by using my smartphone.

저는 주로 제 스마트폰을 써서 제 친구들이나 가족과 소통을 합니다.

By using my smartphone, I can find all the information I need online.

제 스마트폰을 써서, 제가 필요한 모든 정보를 온라인으로 찾을 수 있습니다.

>> Keep in Mind!

:: smartphone 점유율 1등 국가에서 살고 있기 때문에 우리에겐 스마트폰이 익숙하지만
2~3년 전만 하더라도 못 알아 듣는 외국인도 있었다.
전자기기에 smart라는 단어가 붙었다는 의미는 인터넷 기반으로
다양한 기능과 공유를 할 수 있다는 의미. 자긍심을 가지고 이 단어를 암기하자!

:: information / advice는 늘 단수로 쓰기

컴퓨터를 사용할 때, 인터넷이 연결되지 않으면 smart 한 기능과 공유 등 온라인으로 누릴 수 있는 좋은 혜택이 무용지물이므로, '인터넷 사용만 가능하면' 이라는 조건을 붙여 설명해주면 보다 체계적으로 이야기를 전달할 수 있고 채점자의 이해도를 더욱 높일 수 있습니다.

Pattern Combo (Answer)

 81 save money
돈을 아끼다

 + for free
공짜로

 92 learn different kinds of things
다양한 것들을 배우다

Intensive Training

I can learn different kinds of things for free as long as I have internet access. As a result, it helps me save money.

인터넷 사용만 가능하면, 저는 다양한 것들을 공짜로 배울 수 있습니다.
결론적으로, 그것은 제 돈을 아끼게 도와줍니다.

>> Keep in Mind!

 as a result 결론적으로
It helps me [동사/형용사] : [동사/형용사]하게 만들어 주다

Pattern **90** deal with ~

p090.mp3 (어떤 문제, 사람)을 다루다

우리는 항상 어떤 문제들을 다루거나 맞닥뜨리면서 경험을 통해 배우고 다른 사람들로부터 정보나 새로운 것을 배웁니다. 이런 이유들로, 토익스피킹 시험장에서는 꼭~ 사람이나 문제가 많은 쪽으로 방향을 설정하는 것이 할 말이 많은 길로 향하는 선택이라 하겠습니다.

Pattern Combo (Answer)

 communicate with ~
~와 소통을 하다

+ in this way
이 방법으로

 learn different kinds of things
다양한 것들을 배우다

Intensive Training

While dealing with the meeting, I can communicate with others and learn different kinds of things.

그 미팅을 다루면서, 저는 많은 사람과 소통을 할 수 있었고 다양한 것들을 배울 수 있습니다.

I tend to deal with many problems at work while communicating with my customers. In this way I can learn different kinds of things from them rapidly.

저는 제 고객들과 소통하면서 회사에서 많은 문제를 다루는 편입니다. 이 방법으로 저는 그들로부터 빠르게 다양한 것을 배울 수 있습니다.

>> Keep in Mind!

:: can의 과거 could 할 수 있었다
과거형 경험을 근거로 이야기할 때 조동사 could의 도움을 받으면 계속 과거 동사로 변환시킬 필요가 없어서 편하다

어휘 at work 회사에서   tend to ~하는 편이다
rapidly 빠르게

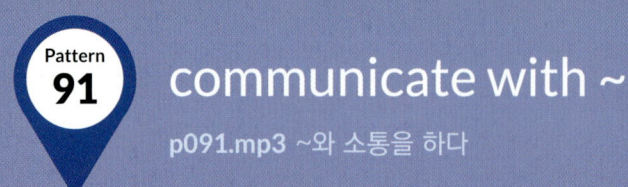

답변 아이디어
대인 관계

Pattern 91 communicate with ~

p091.mp3 ~와 소통을 하다

혼자 있는 것이 좋다고요? No~ 사람들과 소통하는 것을 즐긴다고 하세요. 토익스피킹 시험에서는 혼자보다
여럿이 무엇인가를 한다고 말하는 편이 왜 그런지 이유 문장으로 이어 말하기 좋습니다. 친구는 없어도 여기선
대범하게 사람들과 대화를 하면서 네트워킹을 즐긴다고 뻥 치세요. 채점관이 나의 사생활을 캐낼 방법은
없으니까요.

Pattern Combo (Answer)

 93 get rid of stress
스트레스를 풀다

 97 with my friends or family
내 친구들이나 가족과

Intensive Training

While communicating with my friends or family, I can get rid of stress.

내 친구들이나 가족과 소통을 하면서, 저는 스트레스를 풀 수 있습니다.

>> Keep in Mind!

:: While 동사-ing ː [동사]를 하면서, ~
  While 주어 + 동사 ː [주어]가 [동사]하면서, ~
  When 주어 + 동사 ː [주어]가 [동사] 했을 때, ~
  If 주어 + 동사 ː [주어]가 [동사] 한다면, ~

94

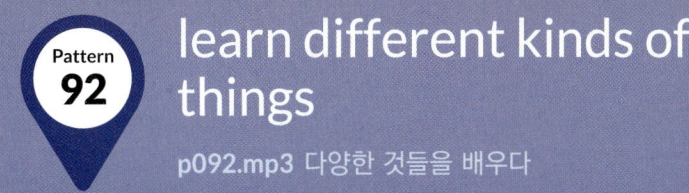

Pattern 92

learn different kinds of things

p092.mp3 다양한 것들을 배우다

사람들과 소통하다 보면 스트레스도 풀리고 친구도 더 만들 수 있어 좋지만, 인맥을 쌓는 가장 큰 이유는 여러 사람에게 내가 모르는 [정보]를 얻을 수 있기 때문입니다. 배움에 늦음은 없는 것 잘 아시죠? 지금도 늦지 않았습니다. 제 꿀 팁들 암기 잘하고 계신 걸로 믿겠습니다.

Pattern Combo (Answer)

 91 communicate with ~
~와 소통을 하다

 176 while [동사ing] ~
[동사ing]를 하면서 ~

Intensive Training

I'd like to communicate with a lot of people to learn different kinds of things while traveling.

저는 다양한 것들을 배우기 위해 여행하는 동안 많은 사람과 소통을 하고 싶습니다.

>> Keep in Mind!

:: It makes me [동사/형용사] : [동사/형용사]하게 만들어 주다
  * It makes me communicate with more friends

:: 토익스피킹에서는 수를 세는 many/ much는 틀릴 가능성이 높으니, 수에 상관없이 많다는 어휘로 a lot을 사용하자

어휘   many = lots of = a lot of 많은   I'd = I would ~을 하고 싶다

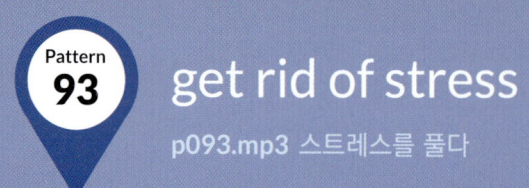

Pattern 93 get rid of stress

p093.mp3 스트레스를 풀다

다른 사람들과 함께 시간을 보내면 스트레스가 풀리겠죠? 이렇게 앞 장에서 배운 패턴들을 이어 붙여서 장문으로 스피치로 말을 만들어 보세요. 어떤 행동의 이유로 늘 '그걸 하면 스트레스가 풀려요'라고 말해주세요. '왜? 내 맘이니까!' 채점자 입장에서는 반문할 수 도 없으니 이렇게 채점자는 '이럴 수가... 분하다...' 눈물을 흘리며 그대에게 점수를 줄 수밖에 없습니다. 조앤의 늘 통하는 꿀 팁! 여기 하나 더 추가요!

Pattern Combo (Answer)

 refresh (my)self 마음을 상쾌하게 하다

 work out 운동하다

 called~ ~라 불리는

 near my place 우리집 근처에서

Intensive Training

I usually get rid of stress and refresh myself while working out at the park called Central Park near my place.

저는 주로 센트럴 파크라 불리는 우리집 근처 공원에서 운동하면서 스트레스를 풀고 마음을 상쾌하게 합니다.

>> Keep in Mind!

 at the park 공원에서   in the park 공원 안에서

Pattern
94

relax

p094.mp3 휴식을 취하다

휴식과 스트레스가 풀리는 상황은 떼어내려야 해도 뗄 수 없는 상관관계가 있지요. 단순히 relax만 쓸 수도 있지만, relax my body & soul로 '몸과 마음에 휴식을 취하다.'라고도 사용하니 참고 하세요. 여러분은 보통 무엇을 하면 relax 하게 됩니까?

Pattern Combo (Answer)

 96 **spend a good time**
좋은 시간을 보내다

 97 **with my friends or family**
내 친구들이나 가족과

Intensive Training

Every Sunday, I spend a good time relaxing by watching TV, listening to music, or working out at the gym with my friends or family.

일요일마다, 친구들이나 가족과 TV를 보고, 노래를 듣거나 체육관에서 운동하는 것을 통해 휴식을 취하며 좋은 시간을 보냅니다.

>> Keep in Mind!

:: spend/ waste 뒤에는 꼭 동명사로 사용할 것

:: by 수단~ : 동명사로 '~을 하는 것'으로 사용할 수 있다

:: listen to music 노래를 듣다
   listen to the music 그 노래를 듣다

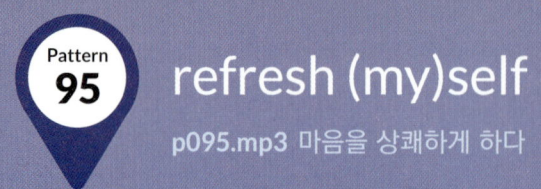

Pattern 95

refresh (my)self

p095.mp3 마음을 상쾌하게 하다

마음에 환기를 주다, 상쾌하게 하다라는 어휘입니다. myself로 쓸지 주어가 달라서 변화시켜 써야 할지를 생각하며 사용해야 합니다. myself/ yourself/ himself/ herself/ themselves까지 총 5종류이니 생각날 때 한 번 짚고 넘어가세요.

Pattern Combo (Answer)

 92 learn different kinds of things
다양한 것들을 배우다

 93 get rid of stress
스트레스를 풀다

 98 travel abroad
해외여행을 하다

 176 while [동사ing] ~
[동사ing]를 하면서 ~

Intensive Training

While traveling abroad, I can get rid of stress and refresh myself because I like to learn different things from foreigners abroad.

해외여행을 하면서, 저는 스트레스를 풀고 마음을 상쾌하게 할 수 있습니다. 왜냐하면, 저는 해외에서 외국인들로부터 다양한 것들을 배우기를 좋아하기 때문입니다.

>> Keep in Mind!

:: 접속사 while 뒤 → [주어+동사] 또는 [동사-ing] : ~을 하는 동안에
 * while I travel = while traveling

 전치사 during 뒤 → [명사] : ~동안
 * during my summer vacation time

어휘 foreigner 외국인

答변 아이디어
여가/ 취미

Pattern
96

spend a good time

p096.mp3 좋은 시간을 보내다

여가나 취미를 가지고 있다고 대답하시고, 그것이 무엇인지도 말하시고, 혼자 하지 말고 꼭 여럿이서 하시고, 그걸 하면 스트레스가 풀린다는 식으로 주절주절 말을 쭉~ 이어 붙여 봅시다. '헉, 얘는 마치 다 준비해 온 것처럼 왤케 말을 잘하지?' 라고 채점자를 당황하게 해 보세요. 눈 두 번 깜빡할 사이에 속사포로 쏘면 점수 안주고 못 배깁니다.

**Pattern
Combo
(Answer)**

 with my friends or family
내 친구들이나 가족과

 while [동사ing] ~
[동사ing]를 하면서 ~

Intensive Training

I always spend a good time with my friends or family talking on the phone.

통화하면서, 저는 항상 제 친구들이나 가족과 좋은 시간을 보냅니다.

>> Keep in Mind!

:: spend + 돈/ 시간 + 동사ing
I don't want to spend money shopping.
저는 쇼핑하는 것에 돈을 쓰고 싶지 않습니다.

with my friends or family

p097.mp3 내 친구들이나 가족과

혼자 놀면 외로워요. 친구와 가족을 좋아하여 항상 사람들과 어떤 액션을 함께 하는 것을 즐기는 '대인관계 원만한 사람'으로 꼭 아바타를 만들어가시길 바랍니다.

Pattern Combo (Answer)

 81 save money
돈을 아끼다

 98 travel abroad
해외여행을 하다

Intensive Training

I should save money because I want to travel abroad with my friends or family every year.

저는 매해 제 친구들이나 가족과 해외여행을 하고 싶기 때문에 돈을 아껴야 합니다.

>> Keep in Mind!

:: 대인관계 그룹별 예

직장동료들과	with my team members/ coworkers/ colleagues
여동생/ 남동생과	with my sister/ brother
남친/ 여친과	with my boyfriend/ girlfriend
학급 친구들과	with my classmates

누구나 인생에서 가장 중요한 것은 '자아실현'이지만, 그것을 위해서는 적당한 여행과 휴식이 꼭 필요합니다. 휴가를 통한 충분한 휴식, 여행을 통한 경험으로 삶에 동기가 부여되고 스트레스가 풀리며 새로운 지식을 습득할 여유도 갖게 되는 것이지요. 나의 취미가 여행이라고 설정하여 부연 설명을 이것저것 붙여봅시다. 30초도 짧으실걸요?

Pattern Combo (Answer)

 save money
돈을 아끼다

 save time
시간을 아끼다

 on the internet/ online
인터넷/ 온라인으로

 get rid of stress
스트레스를 풀다

 with my friends or family
내 친구들이나 가족과

Intensive Training

My hobby is traveling abroad with my friends or family so I go on a trip about once or twice a year to get rid of stress. Before my trip, I tend to find up-to-date information about tourist attractions online to save time and money.

제 취미는 친구나 가족과 함께 해외여행하는 것입니다. 그래서 저는 스트레스를 풀기 위해 일 년에 한두 번 정도 여행을 갑니다. 여행 전 저는 시간과 돈을 아끼기 위해 관광명소들에 대한 최신 정보를 찾아보는 편입니다.

>> Keep in Mind!

:: trip은 명사로만 쓸 것 → go on a trip = travel

어휘 tourist attraction 관광 명소 　　　about once a year 일 년에 한 번 정도

Pattern 99

work out

p105.mp3 운동하다

운동에 시간 좀 쓰세요. 건강이 최고니까요. 마음이 상쾌해지고 스트레스도 풀 수 있으니까요. 운동은 혼자 해도 좋지만, 친구나 가족과 함께하면 즐겁고 행복한 시간을 보낼 수 있다는 장점이 있으니, 지금부터 한가한 시간엔 드러누워 TV 보는 게 아니라 집 근처 공원으로 친구와 운동가는 겁니다?!

Pattern Combo (Answer)

 85 spend time
시간을 쓰다

 95 refresh (my)self
마음을 상쾌하게 하다

 + in order to~
~을 하기 위해서

Intensive Training

You should spend more time working out in order to refresh yourself.

마음을 상쾌하게 하기 위해서 운동하는데 시간을 더 써야 합니다.

>> Keep in Mind!

:: you 주어는 '당신'의 의미로도 쓰지만, 그냥 평서문 주어로도 사용한다

:: should '해야한다'의 의미로 have to 보다 약한 지시형 조동사

mini test
PART 3

Respond to Questions

속독으로 한 번에 질문을 이해하고 암기한 아이디어 중 붙이기 좋은 것으로 풍성한 답변을 만들어 보세요.

Q4

Self Check   ① ② ③ ④ ⑤ ⑥ ⑦ ⑨ ⑩

  minitest_Q04.mp3

Imagine that a Canadian marketing firm is doing research in your country. You have agreed to participate in a telephone interview about electronic items.

캐나다 마케팅 회사가 당신의 나라에서 설문 조사를 한다고 가정해 보세요. 당신은 전자 기기에 관한 전화 인터뷰에 응하기로 동의했습니다.

What was the electronic item that you bought most recently?

가장 최근에 산 전자 기기는 무엇입니까?

RESPONSE TIME
00:00:15

mini test
ANSWER 678

 **Level 6**

minitest_a04_lv6.mp3

I bought a new cell phone from Apple about two weeks ago online.

저는 애플 사의 새 핸드폰을 약 2주 전에 온라인으로 구매했습니다.

 **Level 7**

minitest_a04_lv7.mp3

I bought a new cell phone from Apple called the iPhone about two weeks ago online. I like it a lot since it is convenient to use.

저는 애플 사의 아이폰이라 불리는 새 핸드폰을 약 2주 전에 온라인으로 구매했습니다. 사용이 편해서 아주 마음에 들어요.

 **Level 8**

minitest_a04_lv8.mp3

I bought a new cell phone from Apple called the iPhone about two weeks ago online at a reasonable price. I like it a lot since it provides free internet access to surf the net anytime anywhere.

저는 애플 사의 아이폰이라 불리는 새 핸드폰을 약 2주 전에 온라인으로 좋은 가격에 구매했습니다. 언제나 어디서든 무료 인터넷을 사용할 수 있기 때문에 이 제품이 아주 마음에 들어요.

속독으로 한 번에 질문을 이해하고 암기한 아이디어 중 붙이기 좋은 것으로 풍성한 답변을 만들어 보세요.

Q5 | **Self Check** ① ② ③ ④ ⑤ ⑥ ⑦ ⑨ ⑩   minitest_Q05.mp3

Imagine that a Canadian marketing firm is doing research in your country. You have agreed to participate in a telephone interview about electronic item.

Besides the internet, where do you buy electronic items?

인터넷을 제외하고, 전자 기기를 어디에서 사십니까?

RESPONSE TIME
00:00:15

 Level 6

Well, besides the internet, I buy them at the department store called Hyundai department store near my place because I can get a discount.

음, 인터넷을 제외하면, 저는 현대 백화점이라 불리는 우리 집 근처의 백화점에서 제품을 구매합니다. 왜냐하면, 할인을 받을 수 있기 때문입니다.

 Level 7

Besides the internet, I buy them at the department store called Hyundai department store near my place because I can get a discount with my department store membership card and select whatever I want in person.

인터넷을 제외하면, 저는 현대 백화점이라 불리는 우리 집 근처의 백화점에서 제품을 구매합니다. 왜냐하면, 백화점 할인 카드를 이용해 할인을 받고 제가 원하는 것 무엇이든 직접 고를 수 있기 때문입니다.

 Level 8

Besides the internet, I buy them at the department store called Hyundai department store near my place because I can select the right item in person among the goods, and get a discounted price with my department store membership card.

인터넷을 제외하면, 저는 현대 백화점이라 불리는 우리 집 근처의 백화점에서 제품을 구매합니다. 왜냐하면, 물건들을 직접 보고 제게 맞는 제품을 백화점 할인 카드를 이용해 할인된 가격으로 구매할 수 있기 때문입니다.

속독으로 한 번에 질문을 이해하고 암기한 아이디어 중 붙이기 좋은 것으로 풍성한 답변을 만들어
보세요.

Q6

Self Check   ① ② ③ ④ ⑤ ⑥ ⑦ ⑨ ⑩   minitest_Q06.mp3

Imagine that a Canadian marketing firm is doing research in your
country. You have agreed to participate in a telephone interview
about electronic item.

Do you think that the brand is important
when you buy electronic items? Why or why not?

전자 기기들을 살 때 브랜드가 중요하다고 생각하십니까? 이유는 왜입니까?

RESPONSE TIME
00:00:30

 Level 6 minitest_a06_lv6.mp3

No. the brand is not important because I am a student and have a tight
budget, so a reasonable price is more important to me. Also, I tend to be more
concerned with design or color when I buy a new electronic item because it
keeps me in style.

아니요. 브랜드는 중요하지 않습니다. 저는 학생이고 용돈이 늘 빠듯하므로 적당한 제품 가격이 제겐
중요합니다. 또한, 전자 기기를 살 때는 제품의 디자인이나 색상을 많이 신경 쓰는데 그런 것들이 제 스타일을
살려주기 때문입니다.

66 Level 7 99

minitest_a06_lv7.mp3

Yes. I think the brand is important. As for me, durability is very important and the popular brands mostly ensure the quality of goods. In my case, I am a student having a tight budget so I'd like to use durable electronic items for a long time. For me, Apple offers good customer services and warranties so this is why I bought my cell phone from Apple.

네. 브랜드는 중요합니다. 저의 경우, 실용성이 매우 중요한데, 대부분의 유명 브랜드들은 제품의 질을 보장합니다. 저는 학생이고 용돈이 늘 빠듯하여서 내구성 좋은 전자 제품을 오랫동안 쓰고 싶습니다. 애플 사는 좋은 고객 서비스와 2년 품질 보증 기간을 주기 때문에 그것이 제가 애플 사의 핸드폰을 산 이유입니다.

66 Level 8 99

minitest_a06_lv8.mp3

No. I don't think the brand is important because I am a student with a tight budget, so the price of goods means a lot to me in saving my living expenses. Also, I'm definitely concerned about simple designs or vivid colors when it comes to buying a new electronic item because it keeps me in style. I am fashion-conscious so I really consider its appearance the most, not the brand itself.

아니요. 브랜드는 중요하지 않습니다. 저는 학생이고 용돈이 늘 빠듯하므로 생활비를 아끼기 위해서 적당한 제품 가격이 제겐 중요합니다. 또한, 전자 기기를 살 때는 제품의 심플한 디자인이나 선명한 색상을 많이 신경 쓰는데 그런 것들이 제 스타일을 살려주기 때문입니다. 전 패션에 관심이 많아서 브랜드 자체보다는 외관에 더 신경 씁니다.

PART 4

Respond to Questions Using Information Provided
정보를 사용하여 질문을 듣고 답하기

문제 번호	Q7, 8, 9
준비 시간 / 답변 시간	표 분석 시간 30초 준비 시간 없음/ 답변 시간 Q7: 15초, Q8: 15초, Q9: 30초
유형 상세 설명	세미나, 강연, 여행 일정표 등 다양한 스타일의 표 하나가 스크린에 뜨면 30초 동안 표 분석 시간을 주고, 이후 전화가 걸려와 표 내용에서 궁금한 점을 질문하면 내가 답변하는 파트입니다. 실제 회사에서 일어날 수 있는 상황을 주고 영어로 얼마나 정확히 정보를 전달할 수 있는가를 평가합니다. 표 분석 30초 외 답변을 준비할 시간이 따로 없는데다 질문을 오로지 듣고, 바로 정보를 찾아 답하려면 의문문에 익숙해져야 합니다. 최고의 방법은 의문문을 많이 읽고 들어봐야 합니다. 대표적인 유형은 몇 가지뿐이니 그리 어렵지는 않습니다. 반복 연습만이 귀를 뚫어주는 열쇠 되겠습니다.
공부 방향 및 고득점 포인트	초반 30초 분석 시간을 잘 활용해야 하는데 이때, 기본적인 정보는 7번의 답변으로, 무엇인가 특이하거나 다른 점이 보이면 8번의 답변으로, 2~3가지 같은 정보가 눈에 띄면 9번의 답변 정보로 미리 질문의 대답이 될 수 있는 자리들을 대략적으로 파악해 놓고 질문을 들어야 듣기가 수월합니다. 능동 또는 수동태로 완전한 문장으로 답하고, 빠른 답변을 위해 관사, 동사와 전치사를 순발력 있게 사용하는 연습이 필수입니다. 또한, 표 정보는 7~9번까지 계속 보이지만 질문은 보이지 않고 나레이터가 딱 한 번 말하기 때문에 듣기 집중력이 제일 중요한 스킬입니다. 질문 포인트를 못 들었다 하더라도, 침묵하거나 머뭇거리지 말고 미리 찾아놓은 범위 안에서 가능한 추측하여 답해야 합니다. 7~9번 중 한 문제라도 아예 대답을 못 하면 Part 4 전체가 빵 점이 되니 명심하세요!
문제당 점수	각 3점 만점

Pattern 100 행사, 교육, 일정표

p100.mp3

기본적으로 가장 많이 보게 되는 표의 형식입니다. [Q7] 일정의 시간, 날짜, 장소 [Q8] 특이 사항이나 특정 인물이 하는 내용의 사실 여부 [Q9] 특정한 정보들의 나열 등으로 질문의 유형은 거의 정해져 있습니다. 초반 30초 표 분석시간을 잘 사용해서 미리 질문을 예측하고 주어와 동사를 생각해 놓아야 완전한 문장의 형태로 답변할 수 있습니다.

Pattern Practice

Golden-Eye Industry Supply Company
Annual Shareholders' Meeting
Tuesday July 12, 10 a.m. - 3 p.m.
Wood Island Conference Center

10:00 a.m.	welcome and overview (Sarah Willis, chief executive officer)
10:30 a.m.	financial report (Daniel Wilds, company lawyer)
11:30 a.m.	question and answer on financial information
Noon	lunch
1:30 p.m.	presentation on new products (Carlos Brosnan, product manager)

골든 아이 제조 설비 회사
연간 주주 총회

화요일, 7월 12일, 오전 10시 – 오후 3시
우드 아일랜드 컨퍼런스 센터

10:00 a.m.	개회사와 개요 (새라 윌리스, 대표 이사)
10:30 a.m.	재무 발표 (데니얼 와일즈, 고문 변호사)
11:30 a.m.	재정 정보 관련 질의응답
Noon	점심
1:30 p.m.	신제품 설명회 (칼로스 브로스넌, 제품 매니저)

>> Keep in Mind!

일정을 잘 못 알고 물어보는 형식

Q8. I heard that a question & answer on financial information will be held after lunch. Is it true?

⇨ No. Actually, a question & answer on financial information will be held at 11:30 a.m.

Pattern
101
여행 일정표

p101.mp3

종종 나오는 문제 유형으로 한 사람의 여행 일정표로서 2~3일의 여행과 일정 관련된 질문을 듣게 됩니다.
[Q7] 출발지/ 목적지, 첫날 일정 또는 목적지 도착 시각/ 장소 [Q8] 이동 경로, 지역, 특별한 일정
[Q9] 공통 일정, 활동량 많은 일자의 일정들을 표에서 미리 찾아 놓으세요.

Pattern Practice

Itinerary for Kelly West

Saturday, September 14th

8:30 a.m.	depart New York – East Waves Air, Flight #38
11:00 a.m.	arrive Los Angeles
3:00 p.m.	meeting (Jacob Hamilton, Brookline Hills Books)

Sunday, September 15th

10:00 a.m.	book signing event (Ashmont Bookstore)
12:30 p.m.	lunch (Andrew Suffolk, publicist)
3:30 p.m.	depart Los Angeles (pick-up service, Fairmount Hotel) - Costal Airline, Flight #215

켈리 웨스트의 여행일정표

토요일, 9월 14일

8:30 a.m.	뉴욕 출발 – 이스트 웨이브 항공, 38편
11:00 a.m.	로스엔젤레스 도착
3:00 p.m.	회의 (제이콥 해밀턴, 브루클린 힐즈 출판사)

일요일, 9월 15일

10:00 a.m.	저자 사인회 (애쉬몬트 서점)
12:30 p.m.	점심 (앤드류 서포크, 홍보 담당자)
3:30 p.m.	로스엔젤레스 출발 (픽업 서비스, 페어마운트 호텔) – 코스털 항공, 215편

>> Keep in Mind!

여행 일정 관련 기본 정보를 묻는
형식

Q7. What time does my flight
depart from NY and arrive in LA?

↪ You will depart from NY at 8:30
a.m. and arrive in LA at 11 a.m.

[전치사의 사용]
in 도시/ 연도
at 고유명사 장소/ 시간
on 요일/ 날짜

드물게 나오는 표의 유형으로 가끔 나오면 학생들이 당황하는 초대장입니다. [Q7] 초대 일시와 장소 [Q8] 특수 정보, 주의 사항 [Q9] 행사 내용 및 일정의 나열로 질문의 형식은 거의 정해져 있습니다. 표가 좀 다른 레이아웃으로 나온다 하더라도 컨텐츠들을 금방 찾을 수 있게 눈에 스타일을 익혀두세요.

Pattern Practice

28th Annual Fundraising Dinner
Saturday, April 10th
Newton Square Building 47 Bay Rd, East Earl, Atlanta

Program	6:00 p.m.	special hour
	6:30 p.m.	fundraising program
	7:30 p.m.	dinner
	8:30 p.m.	musical entertainment

| Donation | $80 per couple / $60 per single / $30 per child between 8-12 years* |
| | *Only 7 years and older will be admitted to the event |

Please RSVP by March 25th
Mark Zhu 704.294.1759

28회 연례 기금 모금 행사
토요일, 4월 10일
뉴톤 스퀘어 빌딩 베이 길 47번지, 이스트 얼, 애틀랜타

프로그램	6:00 p.m.	특별 행사
	6:30 p.m.	기금 프로그램
	7:30 p.m.	저녁
	8:30 p.m.	뮤지컬 공연

| 모금 | 2명 $80 / 1명 $60 / *8~12세 사이 어린이 $30 |
| | *7세 이상 어린이만 참여 가능 |

참석 여부 회신은 3월 25일까지
마크 쥬 704.294.1759

>> Keep in Mind!

시간의 조건으로 나열된 스케줄을 묻는 형식

Q9. What is the schedule after special hour?

⇨ OK. The fundraising program will be held at 6:30 p.m. and then, you will have dinner at 7:30 p.m. After that, there is musical entertainment from 8:30 p.m.

réponse s'il vous plaît = RSVP
RSVP는 '참석 여부를 회신 바란다'는 프랑스어의 이니셜 * please reply

JOANNE PARK TOEIC SPEAKING
EXPRESS 678

토스를
끝내는
Q7
유형정리

7번은 WH 의문사 2개로 어떤 유형의 표에 대한 기본 정보를 물어보는 형식입니다.

주로, 의문사 의문문 2가지로 질문하기 때문에 답변도 2가지를 15초 내 해야 하므로 정신을 집중하고 잘 듣는 것이 중요하지요. 의문사 의문문을 많이 듣고 따라 하면서 익숙해져야 답변도 자연히 빠르게 입 밖으로 나올 수 있습니다.

뒷장부터 나오는 이 파트의 Pattern은 질문의 유형, Pattern Combo(Answers)는 답변의 유형이니 달달 암기하세요.

입과 귀에 모든 세포와 정신력을 집중하여, 시작!!!

Pattern 103

When will the orientation be held?

p103.mp3 언제 오리엔테이션이 열립니까?

[언제]를 묻는 의문사 When 질문으로 요일, 날짜를 묻지만, 가끔 시간을 물어보는 질문으로 바뀔 때도 있습니다. 예를 들어 'When does the meeting start? 미팅이 언제 시작합니까?'라고 묻는 경우이죠. 즉 'start/ finish/ begin/ end + 동사'는 시간을 묻고 그 외의 경우는 요일이나 날짜를 묻는다고 생각하세요. 놀랍게도 많은 학생이 휘익~들리는 wh~ 때문에 where의 답을 찾곤 하는데, when은 '웬', where은 '왜엘'로 확실히 다르게 들린다는 것이 힌트!

Pattern Combo (Answer)

 will be held
열립니다

 on [요일/ 날짜]
[요일/ 날짜]에

Intensive Training

The orientation will be held on Friday, September 5th.

오리엔테이션은 금요일, 9월 5일에 열립니다.

>> Keep in Mind!

What day 요일　　　　　　　What date 날짜
* when 의문사를 만나면 요일, 날짜를 모두 대답할 것

어휘 the orientation 발음 주의 → 디 오리엔테이션

When is Marketing Strategy 101 taking place?

Pattern 104

p104.mp3 마케팅 전략 101은 언제 개최됩니까?

[날짜]를 묻는 When 질문에는 전치사 on [요일→날짜]로 대답하세요. When does it start? '그것은 언제 시작하나요?' 처럼 시작 시각을 묻는다면, It starts at [몇 시]로 [시각]을 답해야 한다는 것을 명심하세요.

Pattern Combo (Answer)

 is taking place
개최됩니다

 will take place
개최됩니다

Intensive Training

Marketing Strategy 101 is taking place on Monday, June 8th.

마케팅 전략 101은 월요일, 6월 8일에 개최됩니다.

>> Keep in Mind!

:: the presentation/ the speech처럼 종류 앞에 the를 붙인다
　* 고유한 제목 명 앞에는 관사 the를 붙이지 않는다.

어휘　strategy 전략

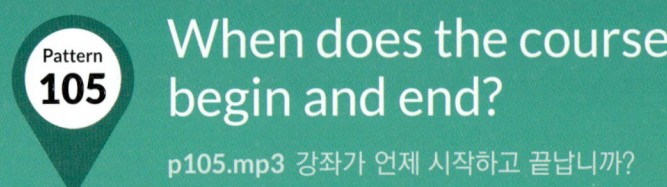

Pattern 105

When does the course begin and end?

p105.mp3 강좌가 언제 시작하고 끝납니까?

[시작과 끝나는 시각]을 물어보는 질문입니다. Begin과 end를 수동태로 'It is ended'처럼 잘 못 사용하는 학생들을 자주 보는데, It begins처럼 능동태로 사용해야 합니다. 더불어, start와 finish가 우리에겐 발음도 의미도 조금 더 직접적으로 다가오기 때문에 답변 시 It starts at [몇 시] and finishes at [몇 시]로 바꿔서 편하게 대답해도 무방합니다.

Pattern Combo (Answer)

begins at [몇 시] and ends at [몇 시]
[몇 시]에 시작해서 [몇 시]에 끝납니다.

Intensive Training

The course will begin at 10 a.m. and end at 3 p.m.
= The course will start at 10 a.m. and finish at 3 p.m.

강좌는 오전 10시에 시작해서 오후 3시에 끝날 예정입니다.

>> Keep in Mind!

:: Pattern 105 질문에 대답은 원래 현재형으로 해야 맞지만,
굳이 힘들게 3인칭 단수로 s를 붙여쓰기 힘드니 간편하게 will 조동사를 사용,
미래형으로 바꿔주면 OK. 원래 현재 시제 그대로 답하려면 아래를 참고
* It begins at [몇 시] and ends at [몇 시]

Pattern 106

Where does the presentation take place?

p106.mp3 발표가 어디서 개최됩니까?

[장소]를 묻는 Where 질문의 답은 장소의 명칭이 고유할 경우 전치사 at [고유한 지명]으로 답하고, 공간감으로 '어디 안에서'라고 답하려면 in [고유한 공간]으로 답하면 됩니다. 여러 개 장소를 답변할 때는 작은 장소에서 큰 장소 순으로 말해주세요.

Pattern Combo (Answer)

 takes place
개최됩니다

 will take place
개최됩니다

 at [고유한 지명]
[고유한 지명]에서

Intensive Training

The presentation takes place in room 201 at the George H. Center.

발표는 George H. 센터 201호에서 개최됩니다.

>> Keep in Mind!

:: in the [장소] : in room 201에서 201호는 고유한 1개뿐인 공간이므로 관사 the 없음

:: at [고유한 지명] : at Darling Harbour
   at the [건물명] : at the John Hancock Tower

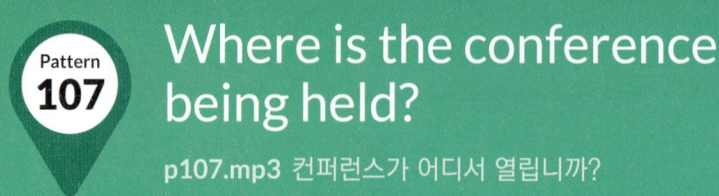

Where is the conference being held?

p107.mp3 컨퍼런스가 어디서 열립니까?

Where is ~ being held의 의문문 어순에도 익숙해지세요. '~이 어디서 열립니까?' 로 해석되며 형식을 그대로 따서 말해도 되지만 편하게 will 조동사를 써서 답해도 됩니다. 틀리지 않는 선에서 빠르게 답하는 것! 그것이 토익스피킹 시험에서 제일 중요한 목표임을 잊지 마세요.

Pattern Combo (Answer)

 is being held
열립니다

 will be held
열립니다

 at [장소]
[장소]에서

Intensive Training

The conference **will be held at** the Bradley Center at 9 a.m.

= The conference **is being held at** the Bradley Center at 9 a.m.

= The conference **will take place at** the Bradley Center at 9 a.m.

컨퍼런스는 브래들리 센터에서 오전 9시에 열립니다.

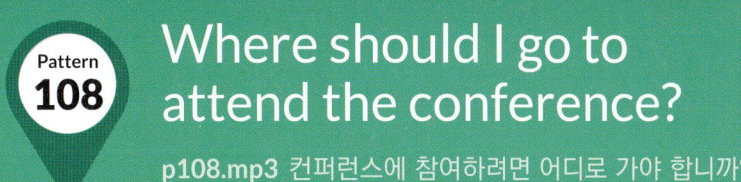

Where should I go to attend the conference?

p108.mp3 컨퍼런스에 참여하려면 어디로 가야 합니까?

사람을 주어로 답할 경우 늘 전치사 to [장소], 즉 '당신은 [장소]로 가야 한다'고 답하면 되니까 편해서 좋습니다.

Pattern Combo
(Answer)

You should go to [장소]
[장소]로 가야 합니다

Intensive Training

You should go to Diamond Hall to attend the conference.

컨퍼런스에 참여하려면 당신은 다이아몬드 홀로 가야 합니다.

>> Keep in Mind!

어휘   should 해야 한다
   * 사람 주어 should go to [장소] : [장소]로 가야 한다

Pattern 109

What time is the Q&A session scheduled?

p109.mp3 질의응답 시간은 몇 시로 스케줄 되어 있습니까?

[몇 시]인지 물어볼 때, 동사는 늘 be held/ take place/ be scheduled/ start 중 1개로 묻습니다.
그냥 이 동사들을 암기했다가 What time 질문에 맞춰 답변 동사로 사용하면 질문을 하나하나 꼼꼼히 듣지 않고도 '아~ 그거~' 하면서 자신 있게 대답할 수 있으니 얼마나 좋습니까?

Pattern Combo (Answer)

 is scheduled 스케줄 되어 있습니다

 at [몇 시] [몇 시]에

 be held 열리다

 take place 계최하다

 start 시작하다

Intensive Training

The Q&A session is scheduled at 4 p.m.
= The Q&A session will be held at 4 p.m.
= The Q&A session will take place at 4 p.m.
= The Q&A session will start at 4 p.m.

질의응답 시간은 오후 4시로 스케줄 되어 있습니다.

>> Keep in Mind!

:: What 뒤에 들리는 키워드를 주의 깊게 들어야 표에서 답변을 빠르게 찾을 수 있다

어휘 the Q&A session = the question & answer session 질의응답 시간

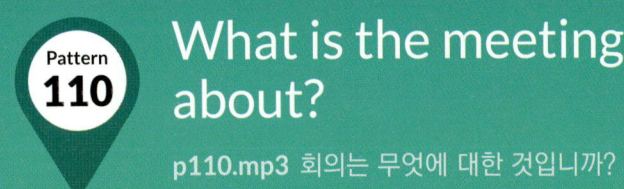

의문사 종류

What

Pattern
110

What is the meeting about?

p110.mp3 회의는 무엇에 대한 것입니까?

'What is your favorite color?'라고 물으면 Red로 답하듯이, What 의문사에는 실질적인 답이 딱 나와야 합니다. 답변은 제목이나 주제를 말해주면 되고, about을 답변에 함께 사용합니다.

**Pattern
Combo
(Answer)**

 It is about [토픽/ 주제]
그것은 [토픽/ 주제]에 대한 것입니다

 We will talk about [토픽/ 주제]
우리는 [토픽/ 주제]에 대해 이야기 할 예정입니다

Intensive Training

It is about monthly sales.

회의는 월별 판매에 대한 것입니다.

We will talk about monthly sales.

우리는 월별 판매에 관해 이야기할 예정입니다.

The meeting is about new students' orientation.

그 미팅은 신입생 환영회에 대한 것입니다.

I was wondering who is going to give us the tour of the factory.

p111.mp3 공장 견학을 누가 진행하는지 궁금합니다.

어떤 주제/ 세션을 하는 사람, 즉 [누구]인지 사람 이름을 묻는 Who 질문의 의문사입니다. 주제/ 세션 명과 Who 질문을 함께 물어보기 때문에 예를 들어, Pattern의 질문을 받는다면 [the tour of the factory]를 듣자마자 표에서는 이 단어가 대체 몇 번째 줄에 있는지 찾아주면, [누가] 하는지 Who의 정보도 같은 줄에서 찾을 수 있게 된다는 뜻입니다. 표 문제에서는 특이하거나 발음이 힘든 사람 이름이 나오기도 하므로 30초 표 분석 시간 동안 중얼거리며 연습해두세요.

Pattern Combo (Answer)

 [사람] will lead the tour
[사람]이 진행할 예정입니다.

 at [몇 시]
[몇 시]에

 [사람] is going to give us the [세션 종류]
[사람]이 [세션 종류]를 진행할 예정입니다.

Intensive Training

Mark will lead the tour of the factory at 11 a.m.

Mark가 오전 11시에 공장 견학을 진행할 예정입니다.

Adriana is going to give us the tour of the factory at 11 a.m.

Adriana가 오전 11시에 공장 견학을 진행할 예정입니다.

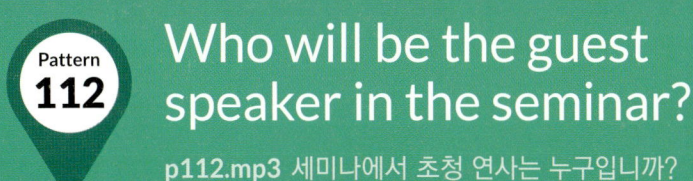

누가 어떤 동작을 하는지 질문에서 나오는 동사를 잘 들어보세요. 명사를 듣고 표 안에 몇 번째 줄과 관련이 있는지 알아야 그대로 따서 나의 답변에 활용할 수도 있고 답변도 정확해집니다.

Pattern Combo (Answer)

The guest speaker will be [사람]
[사람]이 초청 연사입니다.

Intensive Training

The guest speaker will be Patrick Mason.

Patrick Mason이 초청 연사입니다.

>> **Keep in Mind!**

:: will be = is, 도표에 미래에 일어날 사실에 대해 나와있으면 현재/미래형 둘 다 사용 가능
단, 단수/ 복수 처리에 매우 주의

토스를 끝내는 Q8 유형정리

8번은 맞는지 틀렸는지를 확인하는 것이 기본 형식이며 15초 내 답해야 합니다.

있니? 없니? 맞니? 처럼 Yes/ No로 대답을 요구하기 때문에 질문의 뉘앙스를 잘 들어야 도입을 시작할 수 있고 이어서 세부 정보도 줄 수 있지요. 돌발 문제가 많이 나오는 유형 되겠습니다.

다만, 유형과 스킬을 잘 알고 가면 절대 어렵지 않습니다.
상대평가 시험임을 오히려 긍정적으로 생각할 수 있으실걸요?

의문사 종류

Do you have
any ~?

**Pattern
113**

Do you have any sessions for group discussion?

p113.mp3 그룹 논의 세션이 있습니까?

8번 문제는 대부분이 '~이 있나요?'라고 물어보는 형식입니다. 먼저 '있다 없다'를 답해주고 추가 정보를 붙여 15초 동안 구체적 답변을 해주는 것이 고득점 포인트입니다.

**Pattern
Combo
(Answer)**

 will be held at [몇 시]
[몇 시]에 열립니다.

 called ~
~라 불리는

Intensive Training Yes. The group discussion called the future of education will be held at 3 p.m.

네. 교육의 미래라 불리는 그룹 논의 세션이 오후 3시에 열립니다.

의문사 종류

Is/ Are there~?

**Pattern
114**

I'm interested in yoga. Is there any session for yoga?

p114.mp3 저는 요가에 관심이 있습니다.
요가 세션이 있습니까?

Is/ Are there~ 은 단수/복수에 따라 달라질 뿐, 의미는 같습니다. 그냥 이 질문 뒤에 나오는 '명사'를 잘 들었다가 표에 어디에 있는지 찾아 답하면 당황할 필요 없어요.

**Pattern
Combo
(Answer)**

 There is [세션 명] **on** [요일/ 날짜]
[세션 명]이 [요일/ 날짜]에 있습니다.

Intensive Training Yes. There is hot yoga at 5 p.m. on Tuesday.

네. 핫 요가가 화요일 오후 5시에 있습니다.

Pattern 115

As far as I know, you should pay $8 for the entrance fee. Is that right?

p115.mp3 제가 입장료로 $8을 내야 한다고 알고 있는데, 그게 맞나요?

'~라고 알고 있는데, 맞나요?' 처럼 평서문 끝에 부가의문문이 붙어 있는 경우입니다. Yes or No로 답해주어야 하므로 질문의 방향을 귀 기울여 잘 들어야 합니다.

Pattern Combo (Answer)

I'm sorry but no.
죄송하지만 아니오.

Intensive Training

I'm sorry but no: you should pay $10.

죄송하지만 아니오. $10을 내셔야 합니다.

>> Keep in Mind!

:: Actually No로 더 짧게 대답할 수도 있다

Do I need to find a restaurant near the center for lunch?

Pattern 116

p116.mp3 센터 주변에 점심을 먹을 할 식당을 제가 찾아야 합니까?

일반 의문문에서 질문에 뉘앙스를 못 들어서 Yes or No로 답할지 모르겠다면 당황하지 말고 회피형 만능필러, Well~ Um~으로 시작하세요. 답변만 정확하면 점수는 보장된다는 사실!

Pattern Combo (Answer)

 180 Well, um...
그게, 음...

Intensive Training Well, um... you will have lunch for free.

그게, 음... 점심은 무료로 드실 거예요.

>> Keep in Mind!

∷ You will have lunch at 12 p.m. for free.
  = You will have a free lunch at 12 p.m.

어휘 have lunch 점심 먹다   for free 무료로

We need to hire someone who can speak Spanish. Would that be a problem for Mr. Stafford?

p117.mp3 우리는 스페인어 할 수 있는 사람을 고용해야 합니다. 그게 스테포드 씨에게 문제가 될까요?

질문이 2개의 문장처럼 길게 나오는 경우도 있습니다. 배경 상황을 주고 그게 문제가 될지 어떨지를 묻기도 합니다. 상황에 맞는 단어를 표에서 찾지 못하면 들어도 풀 수 없도록 말이죠. 초반 전제로 나오는 서술 부분의 명사와 동사를 주도적으로 들은 후 표에서 그 단어를 찾으세요. 그 단어가 있는 줄이 내가 말하게 될 내용입니다. 힌트처럼 표에서 미리 찾아야 말할 시간을 벌 수 있으니 참고!

Pattern Combo (Answer)

No problem because ~
문제 없습니다. 왜냐하면~

Intensive Training

No problem because Mr. Stafford has a certificate in Spanish.

문제 없습니다. 왜냐하면 스테포드 씨는 스페인어 자격증을 가지고 있기 때문입니다.

>> Keep in Mind!

:: 어려운 고유명사나 이름 등을 표에서 찾아 읽어야 하기에
   강세와 억양, 발음을 최대한 또박또박하게 해줄 것!

:: certificate 강세 주의 → 썰티:f이큿

토스를 끝내는 Q9 유형정리

9번은 표에서 찾은 2~3개의 정보를 나열하여 30초 동안 답해야 합니다.

예를 들어 점심 전 스케쥴을 모두 달라거나, Sarah가 하는 세션만 모두 말해달라는 식으로 어떤 범위나 단어를 말해주고 찾으라는 문제죠.
내가 보고 읊어줘야 하는 줄이 2~3개나 된다는 이야기는 속도가 생명이라는 뜻!

[단어 + 단어]보다 [주어 + 동사 + 목적어 + 전치사구]의 완전한 문장의 형태로 대답해야 고득점을 받을 수 있으니, 툭 치면 기본 동사와 전치사, 플러스 알파가 표를 보면서 함께 쭉쭉 나오게끔, 입 밖으로 튀어나올 때까지 스피킹 속도를 올려놓는 것은 기본입니다.

의문사 종류

What are the
schedules of ~
before/ after lunch?

Pattern
118

What is the schedule of the seminar after lunch?

p118.mp3 점심 후 세미나 스케줄이 무엇입니까?

무슨 프로그램들이 있는지 묻는 질문입니다. 보통 식사 시간 전/후 사정을 물어보는 질문이 주를 이룹니다.
시간의 순서로 답을 하게 되는 경우가 많으니, 아래 연결 어휘를 참고!
스케줄1 → and then → 스케줄2 → after that → 스케줄3

**Pattern
Combo
(Answer)**

 [사람] will have/ take/ get ~
[사람]이 ~합니다

 [주제] will be led by [사람]
[주제]가 [사람]으로부터 진행됩니다

 [사람] will lead [주제]
[사람]이 [주제]를 진행합니다

Intensive Training

You **will take** a walk with participants at 1:00 p.m. and then Urban lives & events **will be led by** Josh Miller at 2:00 p.m. After that, Ben Gordon **will lead** the question & answer session from 3:00 p.m.

오후 1시에 참가자들과 함께 산책할 예정입니다. 그다음, 2시에 도시 생활과 이벤트가 조쉬 밀러씨로부터 진행됩니다. 이어서, 벤 고든씨가 3시부터 질의 응답 시간을 가질 예정입니다.

>> Keep in Mind!

 어휘   before lunch = in the morning 오전에
after lunch = in the afternoon 오후에   from ~ : ~시 부터
and then (그 다음) / after that (이어서) → 시간의 내용 나열 시 사용
take a walk 산책하다   participant 참가자

Pattern 119

How much do I need to pay for the lunch buffet?

p119.mp3 점심 뷔페에 얼마를 내야 합니까?

가격을 묻는 질문도 빈출문제 입니다. Pattern Combo의 2가지 답변 문장을 암기해 놓으면 어순에 실수 없이 빠르게 답할 수 있습니다.

Pattern Combo (Answer)

 115 [사람] should pay [가격] for [대상/물품]
[사람]이 [대상/물품]을 위해 [가격]을 내야 합니다

 + The fee for [대상/물품] is [가격]
[사람]이 [대상/물품]을 위해 [가격]을 내야 합니다

Intensive Training

If you are a member of the association, you should pay $5.
If not, the fee for the lunch buffet is $15.

당신이 회원이라면, $5를 내셔야 합니다. 만약 아니라면, 점심 뷔페 값은 $15 되겠습니다.

>> Keep in Mind!

:: 어순 주의 → Pay [가격] for [대상/물품]
  * you need to pay $2 for a cup of coffee

어휘 If not 만약 아니라면

Pattern 120

Could you please give me the details on what Jane Barnes will be doing at the event?

p120.mp3 제인 반스가 이벤트에서 무엇을 하게 되는지 자세히 알려주시겠습니까?

'~을 해주시겠습니까?'처럼 공손한 Could you please~? 요청 의문문에는 '그럼요!' 하고 흔쾌한 척 대꾸를 해주세요. '유연한' 어투에 '유리한' 점수가 따라오기 마련입니다.

Pattern Combo (Answer)

 Sure!/ OK.
그럼요

 [사람] will lead [주제]
[사람]이 [주제]를 진행합니다

 [주제] will be led by [사람]
[주제]가 [사람]으로부터 진행됩니다

Intensive Training

Sure! How to write a business email will be led by Jane Barnes at 10 a.m. Also, she will lead the session called seven unique presentation skills at 3 p.m.

그럼요. 오전 10시에 비즈니스 이메일 작성하는 법은 제인 반스씨로부터 진행될 예정입니다. 또한, 그녀는 7가지 특별한 연설 비법이라는 세션도 오후 3시에 진행할 예정입니다.

>> Keep in Mind!

 어휘 also 또한 → 조건의 내용 나열 시 사용　　　called~ ~라 불리는

의문사 종류

What is [사람] going to talk about?

Pattern 121

What is the director going to talk about at this annual meeting?

p121.mp3 이사님께서 이번 연례 회의에서 무엇을 발표하시나요?

사람 이름이나 직책이 들리면 그 사람이 무엇을 하는지를 묻는 질문입니다. 본동사로 will be doing 또는 is going to talk about 등이 쓰이는데 의문문으로 바뀌면 자연스레 그 어순의 생소함 때문에 질문이 어렵다, 잘 들리지 않는다고 생각이 들 수도 있습니다. 의문문을 잘 들으려면 여러 번 질문을 반복해서 읽고 의문문의 유형을 소리를 내 암기해야 합니다. 여기서 꿀 팁! 틀릴 것 같으면 늘 통하는 will lead를 쓰면 걱정 따윈 바이바이!

Pattern Combo (Answer)

 180 Um... let me see.
음... 잠시만요.

 + [사람] will lead [주제]
[사람]이 [주제]를 진행합니다

 + [주제] will be led by [사람]
[사람]이 [주제]를 진행합니다

Intensive Training

Um... let me see. Legal issues in trading will be led by the director at 11 a.m. Also, he will lead the presentation on new products from 2:30 p.m.

음... 잠시만요. 오전 11시에 무역 시 법적 문제가 이사님으로부터 진행될 예정입니다. 또한, 그는 신제품 설명회를 오후 2시 30분부터 진행할 예정입니다.

>> Keep in Mind!

어휘 annual meeting 연례 회의

mini test
PART 4

Respond to Questions Using Information Provided

아래 제시된 도표는 계속 보이지만, 7번~9번까지는 보이지 않고 듣고 푸는 문제입니다. 30초 동안 표를 전체적으로 분석하고, mp3로 질문을 들으며 문제를 푸는 훈련을 해보세요.

Q7 ~9

Self Check ① ② ③ ④ ⑤ ⑥ ⑦ ⑨ ⑩

Itinerary for Hafiz Cross, Director

Monday, April 1st

1:30 p.m.	depart Chicago (Spirit Airways #302)
5:00 p.m.	arrive Los Angeles (Forestville Hotel)
7:00 p.m.	dinner / meeting (Adrian Crawford, Icon Cinema Studio)

Tuesday, April 2nd

10:00 a.m. – 6:00 p.m.	Riverdale Documentary Film Seminar

Wednesday, April 3rd

10:00 a.m. – 12:00 p.m.	meeting Carlos Hawkins (Palmer Studio)
2:00 p.m.	depart Los Angeles (Spirit Airways #8021)
4:30 p.m.	arrive Chicago

이사, 해피즈 크로스의 여행 일정표

4월 1일, 월요일

오후 1:30	시카고 출발 (스피릿 항공 302편)
오후 5:00	로스엔젤레스 도착 (포레스트빌 호텔)
오후 7:00	저녁 식사 / 미팅 (에이드리안 크로포드, 아이콘 씨네마 스튜디오)

4월 2일, 화요일

오전 10:00 – 오후 6:00	리버데일 다큐멘터리 필름 세미나

4월 3일, 수요일

오전 10:00 – 오후 12:00	칼로스 호킨스 미팅 (팔머 스튜디오)
오후 2:00	로스엔젤레스 출발 (스피릿 항공 8021편)
오후 4:30	시카고 도착

PREPARATION TIME
00:00:30

mini test
ANSWER 678

 minitest_Q07.mp3

Q7

Hi, this is Hafiz Cross. I have misplaced my itinerary. Can you answer some of my questions?

안녕하세요 해피즈 크로스입니다. 제 여행일정표를 잃어버렸어요. 질문에 답 해주실 수 있나요?

What time does my flight arrive in Los Angeles and where am I going to stay?

제 비행기가 로스앤젤레스에 몇 시에 도착하고 저는 어디에서 묵게 되나요?

RESPONSE TIME
00:00:15

" Level 6 "

 minitest_a07_lv6.mp3

You will arrive in Los Angeles at 5:00 p.m., and stay at the Forestville Hotel.

당신은 오후 5시, 로스앤젤레스에 도착하고 포레스트빌 호텔에서 묵게 되십니다.

" Level 7 "

 minitest_a07_lv7.mp3

You will arrive in Los Angeles at 5:00 p.m. on Monday, and stay sat the Forestville Hotel.

당신은 월요일 오후 5시, 로스앤젤레스에 도착하고 포레스트빌 호텔에서 묵게 되십니다.

" Level 8 "

 minitest_a07_lv8.mp3

You will arrive in Los Angeles at 5:00 p.m. on Monday, April 1st, and stay at the Forestville Hotel for two nights.

당신은 4월 1일, 월요일, 오후 5시, 로스앤젤레스에 도착하고 포레스트빌 호텔에서 2박으로 묵게 되십니다.

Q8

minitest_Q08.mp3

I heard that I have to attend the film seminar for two days. Is that correct?

필름 세미나를 이틀 동안 듣는 것으로 들었는데, 맞나요?

RESPONSE TIME
00:00:15

Level 6

minitest_a08_lv6.mp3

I am sorry but no: you will attend the Riverdale Documentary Film Seminar on the second day.

아니요 잘 못 아셨어요. 두 번째 날 진행되는 리버데일 다큐멘터리 필름 세미나에 참여하시면 됩니다.

Level 7

minitest_a08_lv7.mp3

I am sorry but no: you will attend the Riverdale Documentary Film Seminar on Tuesday April 2nd.

아니요 잘 못 아셨어요. 4월 2일 화요일에 진행되는 리버데일 다큐멘터리 필름 세미나에 참여하시면 됩니다.

Level 8

minitest_a08_lv8.mp3

I am sorry but no: you will attend the Riverdale Documentary Film Seminar on Tuesday April 2nd from 10:00 a.m. until 6 p.m.

아니요 잘 못 아셨어요. 4월 2일 화요일, 오전 10시부터 오후 6시까지 진행되는 리버데일 다큐멘터리 필름 세미나에 참여하시면 됩니다.

minitest_Q09.mp3

Q9

This time, I would like to visit local studios and find out their conditions. Could you tell me all the schedules for visiting studios in this trip?

이번에, 주변 스튜디오들을 방문해서 그곳 상태를 파악하고 싶어요. 이번 여행에서 스튜디오에 가보는 일정이 어떻게 되는지 알려주실 수 있을까요?

RESPONSE TIME
00:00:30

 **Level 6**

 minitest_a09_lv6.mp3

OK. You will have dinner and meet with Adrian Crawford at the Icon Cinema Studio on Monday at 7:00 p.m. Also, you will meet Carlos Hawkins at the Palmer Studio on Wednesday at 10:00 a.m.

그럼요. 에이드리안 크로포드 씨와 만나서 저녁 식사를 하시고, 아이콘 씨네마 스튜디오에서 월요일 오후 7시에 미팅을 하실 예정입니다. 또한, 당신은 칼로스 호킨스 씨와 팔머 스튜디오에서 수요일 오전 10시에 미팅을 하실 예정입니다.

 **Level 7**

 minitest_a09_lv7.mp3

OK. You will have dinner and meet with Adrian Crawford at the Icon Cinema Studio on Monday at 7:00 p.m. Also, there will be a meeting with Carlos Hawkins at the Palmer Studio on Wednesday from 10:00 a.m.

그럼요. 에이드리안 크로포드 씨와 만나서 저녁 식사를 하시고, 아이콘 씨네마 스튜디오에서 월요일 오후 7시에 미팅을 하실 예정입니다. 또한, 당신은 칼로스 호킨스 씨와 팔머 스튜디오에서 수요일 오전 10시부터 미팅이 잡혀 있습니다.

 **Level 8**

 minitest_a09_lv8.mp3

OK. You will have dinner and meet with Adrian Crawford at the Icon Cinema Studio on Monday at 7:00 p.m. Also, there will be a meeting with Carlos Hawkins at the Palmer Studio on Wednesday from 10:00 a.m. to 12:00 p.m. Please keep that in mind.

그럼요. 에이드리안 크로포드 씨와 만나서 저녁 식사를 하시고, 아이콘 씨네마 스튜디오에서 월요일 오후 7시에 미팅을 하실 예정입니다. 또한, 칼로스 호킨스 씨와 팔머 스튜디오에서 수요일 오전 10시부터 오후 12시까지 미팅을 하실 예정이니 참고해 주세요.

PART5

Propose a Solution
해결책 제안하기

문제 번호	Q10
준비 시간 / 답변 시간	준비 시간 30초/ 답변 시간 60초
유형 상세 설명	50초 가량 되는 음성 메시지를 듣고 문제에 대한 해결책을 제시하는 파트입니다. 자문 요청 전화와 항의 관련 문의 전화, 2가지 유형이 있으나 자문 요청 전화가 압도적 비율로 많이 나오기 때문에 질문 종류에 따라 답변하는 것에 포인트를 맞추세요. 질문이 음성 메시지로 나오기 때문에 답변도 음성 메시지의 형태로 말해야 합니다. 즉, 답변 틀의 완벽한 암기가 생명이라는 사실. 여러 번 반복 연습으로 자연스럽게 말하듯 들은 내용의 줄거리를 요약해주고 암기한 아이디어와 문장 틀을 잘 섞어 음성 메시지로 쭉~ 뽑아주면 됩니다.
공부 방향 및 고득점 포인트	문제가 들리고 눈에는 보이지 않기 때문에 60초 답변 시간에는 인사말 ⇨ 무슨 문제로 연락이 왔는지 청취 요약 ⇨ 알맞은 해결책 제시 ⇨ 끝인사 순서로 마무리합니다. 어휘를 다 들으려고 하지 말고, 핵심 명사와 동사 위주로 들은 후, 어디서/ 누구에게/ 무슨 일이 있는데/ 어떻게 하고 싶다/는 사전 배경에 초점을 맞춰 내용을 기억해주면 다 듣지 않아도 대답은 잘해 줄 수 있습니다.
문제당 점수	5점 만점

Pattern 122

홍보/유치 방안 전화 문의

p122.mp3

Part 5 에서 가장 많이 나오는 기본 유형으로 '어떻게 하면 많은 고객을 유치할 수 있을까?' '새로운 사업 또는 프로그램 등을 어떻게 홍보하는 것이 가장 좋을까?' 등 홍보/ 유치 방안에 대해 조언을 요청하는 음성 메시지입니다. 영세업자나 소규모 커뮤니티가 가장 손쉽게 사용할 수 있는 것이 바로 인터넷이라는 사실은 알고 계시죠? 온라인이나 홈페이지를 통해 홍보하라고 하면 만사 OK!

Pattern Practice

Hi, this is Jennifer. There is an issue I want to discuss with you since you are the assistant director. Our historic computer center just finished remodeling and the opening day is in two weeks. We are really excited because we will be able to run useful programs and labs. However, we still don't have a good idea about what events we should prepare to celebrate our grand opening. We expect many visitors and so we need some events that many people can enjoy together. Do you have any ideas on this matter? Call me back when you get this message. Again, this is Jennifer. Thanks.

안녕하세요, 제니퍼예요. 문제가 생겼는데 차장님인 당신과 논의를 좀 하고 싶어요. 우리의 역사적인 컴퓨터 센터가 리모델링을 마치고 2주 후 개장식을 하는데요. 우리 모두 활용도 높은 프로그램과 수강실을 완비하여 굉장히 들뜬 상태이지만, 이번 개장식에 어떤 행사를 준비해서 열어야 축하의 의미를 더 하게 될지 모르겠습니다. 많은 손님이 오실 것으로 예상되기 때문에 함께 즐길 수 있는 행사로 기획했으면 해요. 좋은 아이디어 없을까요? 이 메시지 들으면 연락해주세요. 제니퍼였습니다. 감사합니다.

>> Keep in Mind!

항상 내 이름이 ~이라고 사람 이름과 직책이 맨 처음에 나오니 그때 들으며 바로 암기하되, 이름이 어려우면 마지막에 다시 한 번 더 말해주니 그 기회를 놓치지 말자. However, 뒤에 문제점이 나온다는 것은 진리!

Pattern 123 교육/공지 방안 전화 문의

p123.mp3

회사 직원들이 어떤 문제를 계속 일으키는데 어떻게 해야 하나?' '특정 내용을 알려야 하는데 어떻게 알려야 하나?'와 같이 교육/ 공지 방안에 대해 문의를 하기도 합니다. 이럴 때도, 온라인 교육을 하거나 웹사이트에 관련 내용을 공지하라고 하면 거의 다 먹힌다는 사실

Pattern Practice

Hello, this is James Hopper, the owner of Jasmine's Kitchen Appliances. Since you are the director, I am calling you to ask for some ideas and need your help to come up with solutions. Each year, all the employees are required to attend a new product training session for better sales. However, many of them have not completed this new product training session yet. Among all of them, 30 people didn't take the course. As you are the director, what can we do to make them take the session? Please call me as soon as you can. Bye.

안녕하세요, 재스민 주방기구의 대표, 제임스 하퍼입니다. 이사님이신 당신에게 아이디어와 도움을 요청하고자 연락드렸습니다. 매년, 모든 직원은 신제품 교육 수업을 들어야 합니다. 그런데 많은 사람들이 아직 듣지 않았더군요. 30명 정도의 사람들이 아직 신제품 교육 수업을 안 들었는데, 어떻게 하면 그들이 이 수업을 들을까요? 최대한 빨리 답변 부탁드립니다. 안녕히 계세요.

> **>> Keep in Mind!**
>
> 대표가 연락 오면, Why don't you 처럼 '이건 어때?'로 묻지 말자. 버릇없게 느껴지는 뉘앙스보다 I will 처럼 직접적인 구문으로 시작하거나, 우리가 이렇게 해볼까요? Why don't we~?처럼 함께 하자고 뭉뚱그려 제안하는 것이 좋다.

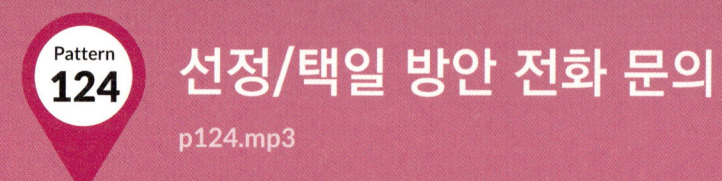

선정/택일 방안 전화 문의

p124.mp3

회사나 단체에서 누군가를 선정하거나 뽑아야 하는 경우, 포상처럼 좋은 걸 주어야 한다면, 업무 실적으로 가장 잘한 사람을 뽑아서 주면 되고, 뭔가 공평하게 뽑아야 한다면 제비뽑기를 하는 것도 좋은 방법입니다. 혹은, 처음부터 음성 메시지에서 2가지 옵션을 주고 어떤 게 더 좋을지 모르겠다고 할 때도 있는데, 더 할 말이 많은 쪽을 선택하여 해결책으로 사용하면 수월합니다.

Pattern Practice

Hello, this is Erica Dickinson, the sales director. Since you're the head of the Human Resources, I want to ask you about a problem in arranging my crew members' summer vacation schedules. Most of them requested vacation during the last week of July. However, we need to have at least half of the department in the office. How can I decide which employees to send first? Please call me back with your ideas so that I can make a fair decision. Again, this is Erica at extension 37. Thank you.

안녕하세요, 세일즈 매니저, 에리카 디킨슨입니다. 인사부 팀장님이시니 제 부서 직원들의 여름휴가 스케줄 관련 문의를 좀 드리려고요. 대부분이 여름휴가를 7월 마지막 주로 신청했는데, 최소한 회사에 부서 직원의 반은 있어야 해서요. 어떤 직원을 먼저 보내야 할까요? 공평한 방법을 부탁드립니다. 에리카이고요. 내선 37번입니다. 감사합니다.

> **>> Keep in Mind!**
>
> 딱 2개만 들어야 한다면? vacation/ decide who to send first
> 물론 딱 이 2단어로는 부족하지만, 답변 틀과 함께 잘 섞어 큰 실수 없이 말해주면 5점 만점까지도 받을 수 있다. 듣기에 약한 자들에겐 희소식일 수도!

항의와 관련된 자문 문의

p125.mp3

요즘은 항의 전화 자체는 나오지 않습니다. 단, 불량 제품의 환불 및 교환, 소음 또는 공사 문제로 인한 항의, 청구 금액이나 특정 정보의 오류로 인한 불편에 대해 고객들이 항의한다는 내용으로 어떻게 해결하면 좋을지 해결책을 묻는 자문 요청 유형으로 약간 변형되었습니다. 내가 담당자라는 설정으로 우선 '미안합니다'를 해결책 앞, 뒤로 붙여 공손한 뉘앙스를 주고 해결책은 '이건 어때, 저건 어때 (Why don't you?)'처럼 약한 제안보다 '이렇게 하겠다 (I will ~)' 처럼 좀 더 능동적으로 답해주세요. 쓸 일이 있을 수 있으니, 사과 표현들은 꼭 익혀가세요.

Pattern Practice

Hi, this is Mathew, the vice president of the company. Since you are the facility manager, I want to ask you for some ideas to solve problems we are facing. As you know, there is ongoing construction in front of our building. However, the noise from the construction is too loud, and I've had many complaints from people living nearby. In fact, the construction noise is very distracting so people complain almost every day. As the facility manager, you should come up with solutions as soon as possible. Please call me back with ideas. Again, this is Mathew. Thank you.

안녕하세요, 부사장 메튜입니다. 시설 관리자이시니, 지금 마주한 문제에 대해 해결책을 여쭙고자 연락드렸습니다. 아시다시피, 빌딩 앞에 공사가 진행 중인데 소리가 너무 시끄러워서 주변 거주자들로부터 항의가 많이 들어왔습니다.
사실, 공사 소리가 너무 거슬리긴 해서 사람들이 거의 매일 항의를 하고 있어요. 시설 관리자이시니 이 문제를 해결해 주셨으면 합니다. 전화 부탁드립니다. 메튜였습니다. 감사합니다.

> **>> Keep in Mind!**
>
> 직접적인 항의 전화를 받게 되진 않는다. 간접적으로 조언을 요청하겠지만, 담당자라면 해결책 제시 전에 살짝 사과 한마디 하고 가도 어디가 덧나지 않는다.

토스를 끝내는 청취 포인트

영어 듣기는 한순간에 되는 것이 아니라서 꾸준히 말투와 억양, 발음에 익숙해져야 휙 들어도 알아듣게 되는데요. Part 5에서 듣게 되는 50초 가량의 음성 메시지는 이런저런 다양한 종류의 상황과 문제점을 가지고 있습니다.

문제는, 메모도 안 되는 시험에서 순식간에 흘러나오는 내용들을 전부 기억할 수가 없다는 것! '모두 듣고 말겠어!' 작정하고 들어도, 듣다 보면 다 중요한 것 같고, 그래서 꼼꼼히 기억하다 보면, 앞에 들은 내용은 하나둘 아련하게 잊혀지고, 결국 듣긴 열심히 다 들었으나 뭐가 뭔지 알 수는 없고, 그렇게 또 ETS에 헌납하게 된다는…

이 악몽 같은 스토리에서 벗어날 청취 노하우! 여기, "고마워요, 조앤"을 외치게 될 청취 포인트를 지금부터 공개합니다.

Pattern 126

This is [사람], [직책] of [회사명].

p126.mp3 저는 [회사명]의 [직책]인 [사람]입니다.

누가 전화 왔는지를 꼭 들어야 합니다. 특히, 이름을 들어주면 자연스럽게 '누구야, 안녕?'하고 인사를 하면서 답변을 시작할 수 있으니 유용합니다. 본인의 이름을 말하고 바로 뒤에 직책과 회사/부서명까지 정확히 말해주기 때문에 초반에 집중하면 어디서 일하는 누가 연락 왔는지 알 수 있어 문제점을 더욱 명확히 들을 수 있습니다.

Intensive Training This is Molly Watson, the owner of Watson's Toy Store.

저는 왓슨 장난감 가게의 사장인 몰리 왓슨입니다.

>> Keep in Mind!

:: 유선상으로는 항상 'This is [이름]'으로 말한다

Pattern 127

Since you are the sales director,

p127.mp3 당신이 영업 이사이니까,

전화받고 있는 나의 직책을 언급하면서 담당자이니 아이디어를 생각해 내라며 연락이 옵니다. 이때, 초반에 전화한 사람의 직책과 내 직책의 상관관계를 주의 깊게 들어주세요. 사장님이 전화하셨는데, '이건 어때? 저렇게 해야 한다' 의 뉘앙스는 약간 하극상 일지도...

Intensive Training Since you are the director, I need your help.

당신이 임원이시니, 도움이 필요합니다.

>> Keep in Mind!

:: Since를 As로 쓰기도 한다

There will be a [행사/ 일정]~/ But, as you know,~

p128.mp3 [행사/ 일정]이 있을 예정입니다./
하지만, 당신도 알다시피, ~

문제점은 초반과 마무리 즈음 꼭 다시 한 번 더 언급합니다. 중간중간 상황 전개나 이유 등을 설명해 주는 부분이 길어서 헷갈릴 수 있죠. '이게 문제야'처럼 바로 말해주지 않고 약간 비비 꼬을 수 있다는 점을 잊지 마세요. 이런저런 상황이 있고, '요즘 이런 것을 하고 있는데~'처럼 긴 사설이 끝나면 바로 뒤에 어떤 문제가 있는지가 들리게 되니, 처음에 문제 상황이 안 들렸다면, 다 들으려고 집중하다가 맨붕겪지 말고, 귀를 열고 "그런데, 문제는.../ 난 이게 걱정이야."라고 말문을 트는 순간이 올 때까지 기다릴 것!

Intensive Training

As you know, we recently released a new software system. But, it's hard to promo it.

당신도 알다시피, 최근에 신제품 소프트웨어 시스템을 출시했습니다. 그러나 홍보에 어려움을 겪고 있습니다.

>> Keep in Mind!

:: But, However ∶ '그러나'처럼 상황을 반전시키는 단어를 듣는 순간 뒤에 말해주는 핵심 문제점 명사/ 동사 키워드를 캐치해야 한다

Pattern 129

Unfortunately/ However/ But, I don't know how to [동사]

p129.mp3 불행히도/ 그런데/ 그러나, 저는 어떻게 [동사]하는지 모르겠습니다.

어떤 배경 상황인지 잘 듣다 보면 '그런데, 불행히도, 문제가...' 등의 운을 띄우면서 현재 겪고 있는 문제점을 밝히는 순서로 배경 상황 〉 문제로 가는 단계가 거의 정형화 되어 있습니다. 초반 20초 전후로 나오게 되니 꼭 집중해서 잘 들어야 합니다.

Intensive Training

Unfortunately, I still don't know how to attract more people to the event.

불행히도, 저는 어떻게 그 행사에 더 많은 사람을 끌어모을지 아직 모르겠습니다.

However, we're struggling with the problem that we have a lack of salespeople to sell our new products.

그런데, 우리는 신제품을 팔 판매원들이 부족한 문제로 어려움을 겪고 있습니다.

>> Keep in Mind!

어휘 attract people 사람들을 끌어모으다   sales people 판매원

I would like to get some help about [(동)명사]

p130.mp3 [(동)명사]에 대해 도움을 좀 받고 싶습니다.

어떻게 해주었으면 하는 요구 사항과 방향을 알려주는 구문입니다. 명사와 동사 단어를 집중해서 듣고 답변 틀에 그대로 끼워서 사용하면 됩니다. 핵심 키워드는 전체 음성 메시지에서 여러 번 반복해서 말해주기 때문에 처음에 놓쳤더라도 꼭 다시 듣게 됩니다. 집중력이 생명!

Intensive Training

I would like to get some help about announcing the news to our customers.

우리 고객들에게 그 뉴스를 알리는 것에 대해 도움을 좀 받고 싶습니다.

What/ How can we [동사]~?

p131.mp3 무엇을/ 어떻게 [동사]할 지~?

메시지를 듣다가 거의 후반부에 이르렀을 때, What이나 How로 다시 한 번 간단명료하게 원하는 것을 다시 물어보는데, 문제점을 총정리 해주기 때문에 가장 중요한 핵심 듣기 문장입니다.

Intensive Training

How can we decide eligible employees for paid vacation this year?

올해 유급 휴가 대상 직원들을 어떻게 결정할까요?

>> Keep in Mind!

어휘 eligible (자격, 나이 등) 조건에 맞는, 적합한
paid vacation 유급 휴가

I need you to come up with some ideas to [동사] ~

p132.mp3 당신이 [동사]할 아이디어를 생각해 주셨으면 합니다.

전화받는 내게 어떤 아이디어나 행동을 해주기를 요청하는 것이므로 I need 'you' to [동사] 구문을 잘 들어야 요청에 맞는 답을 할 수 있겠네요.

Intensive Training

I need you to come up with some ideas to **let our customers know about the book signing event next week.**

다음주에 있을 저자 사인회에 대해 우리 고객들에게 어떻게 알릴지 당신이 아이디어를 생각해 주셨으면 합니다.

>> Keep in Mind!

:: 청취는 그냥 많이 듣는다고 다 잘되는 것은 아니다.
유형별로 어떤 식으로 음성메시지를 남기는지 자주 쓰이는 어투와 단어를 스크립트를 보며 입으로 읽어보고 들어보면 '아~ 이런 식으로 물어보는구나. 질문 뉘앙스는 이렇게, 이때쯤 나오는구나'하게 된다.
그렇게 안되던 듣기도 요령으로 극복할 수 있다

어휘 the book signing event 저자 사인회

토스를 끝내는 답변 틀

자, 잘 들었으니 그 내용으로 요약도 하고 해결책도 만들어야 할 텐데요. 멍…아무 생각이 안 나네요.

그래서 여러분을 위해 꼼수 팁과 답변 틀은 제가 대신 생각했습니다. 그저 약간의 노력으로 암기만 해주시면 끝인데, 그 정도는 해 주실 거죠?

친절한 조앤의 스마트한 답변 틀과 어휘를 달달 암기해 가시면 시험장에서도 콧노래를 부르며 고득점 Part 5도 손쉽게 제압할 수 있습니다.

Pattern 133

Hello? This is [사람] speaking

p133.mp3 안녕하세요? 저는 ~입니다.

지금부터 펼쳐지는 패턴들을 순서대로 암기하면 Part 5의 간편하고 튼튼한 음성 메시지 답변 틀이 됩니다. 5점짜리 고득점 파트를 이 문장 틀로 빠르게 끝낼 수 있습니다. 노래처럼 불러서 외우세요. 암기는 100% 맞아야 빛이 납니다.

Intensive Training

Hello? This is Ben speaking from the marketing department.

안녕하세요? 저는 마케팅팀의 벤입니다.

>> Keep in Mind!

어휘 from the marketing department 마케팅팀의

Pattern 134

I'm returning your call.

p134.mp3 음성 메시지에 회신 드립니다.

Intensive Training

Hello? This is Joanne speaking and I'm returning your call.

안녕하세요? 저는 조앤이고 음성 메시지에 회신 드립니다.

Pattern **135**

I've got your message that ~

p135.mp3 당신에게 ~이라는 메시지를 받았습니다.

어떤 문제점에 대해 연락이 왔는지 관련 명사와 동사를 주의 깊게 들어주세요. 그 단어를 답변 틀에 끼워 사용해 주기만 하면 됩니다. 청취 요약은 꼭 해주어야 하고, 들은 만큼 최대한 많이 해 줄수록 고득점에 더욱 가까워집니다.

Intensive Training

I've got your message that you don't know how to promote the new products.

당신에게 신제품 홍보를 어떻게 해야 할지 모르겠다는 메시지를 받았습니다.

Pattern **136**

you don't know how to [동사]

p136.mp3 [동사]를 어떻게 해야 할지 모른다.

Intensive Training

I've got your message that you don't know how to deal with the noise problem.

당신에게 소음 문제를 어떻게 다룰지 모르겠다는 메시지를 받았습니다.

Pattern 137

You want some help, right?

p137.mp3 도움이 필요하다고 하셨는데, 맞죠?

물론, 쓸모없는 내용은 요약할 필요 없지만, 듣기 실력을 가장 확실하게 보여주는 부분인 요약 부분은 최대한 자세하게 들었던 단어를 최선을 다해 사용해 주세요. '~ 이런저런 상황 때문에 문제라며?'처럼 꼭 채점자에게 나의 듣기 실력을 show-off 해봅시다. 요약 끝에는 '도와달라고 했었지? 맞지?'처럼 반문을 통해 자연스럽고 친근한 느낌을 살려주세요.

Intensive Training I've got your message that you don't know how to save budget so you want some help, right?

당신에게 자금을 어떻게 아껴야 할지 모르겠다는 메시지를 받았습니다. 도움이 필요하다고 하셨는데, 맞죠?

답변 틀
사과

Pattern 138

I'm so sorry about the problem.

p138.mp3 그 문제에 대해서는 정말 죄송합니다.

쓰게 될 가능성은 아주 낮습니다만, 시험장에서 혹시라도 항의 전화를 듣게 된다면, '아, 사과해야 해!'하고 사과 표현을 잊지 마세요. 청취 요약이 끝나면 사과하고 해결책 제시하는 순서를 기억해주고, 정말 미안한 느낌의 뉘앙스 꼭 주셔야 합니다. 가끔, 미/안/하/다/ 이런 느낌으로 기계 스피킹 하시는 분들도 계시더라고요?

Intensive Training First, I'm so sorry about the problem.

우선, 그 문제에 대해서는 정말 죄송합니다.

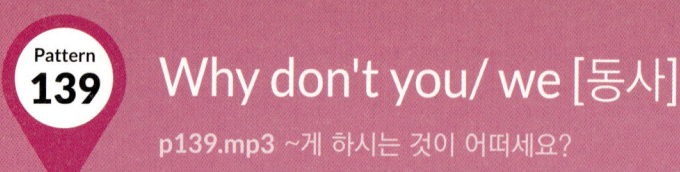

답변 틀
해결책 제안

Pattern 139

Why don't you/ we [동사]

p139.mp3 ~게 하시는 것이 어떠세요?

제가 직접 만든 반짝이는 꼼수 팁 좀 드릴까요? 질문의 종류야 많지만, 문제점들은 대부분, [장소가 없다/ 돈(자금)이 없다/ 사람(인원)이 없다/ 아이디어가 없다] 이렇게 4가지 중 하나로 전화가 오는 설정입니다. 해결책은 [장소를 온라인으로 찾아라/ 싼 가격의 ~을 온라인으로 찾아라/ 공지(announce)를 웹사이트에 해라/ 온라인으로 아이디어 찾아라] 이렇게 다 온라인을 활용하면 그 어떤 문제도 없습니다.

이제, Part 5에 자신감 생기시죠? 원래, 쉽게 말해야 완벽하게 할 수 있어서 점수가 확실해지는 겁니다.

Intensive Training — Why don't we make some online promotions?

온라인 홍보를 해보는 것은 어떨까요?

답변 틀
해결책 제안

Pattern 140

You need to [동사]

p140.mp3 당신은 ~가 필요합니다.

Intensive Training — You need to announce the news on our website.

당신은 이 내용을 우리 웹사이트에 알려야 합니다.

>> Keep in Mind!

:: If not, (만약) 그렇지 않다면,
  * 첫 의견 뒤, 다른 의견을 내고 싶을 때 사용

154

Pattern 141

I think [주어+동사]

p141.mp3 제 생각에는 ~

Intensive Training

I think we should make some rules about the problem.

제 생각에는 이 문제에 대해 몇 가지 규율을 만들어야 합니다.

I think we should run a survey about the issue.

제 생각에는 그 문제에 대해 조사를 해야 합니다.

Pattern 142

It would be helpful, I guess.

p142.mp3 이것이 도움이 될 것이라 생각합니다.

Intensive Training

It would be helpful, I guess.

이것이 도움이 될 것이라 생각합니다.

Pattern **143**

Don't worry!

p143.mp3 걱정하지 마세요!

우리나라 사람들이 가장 못 하는 말, 바로 '걱정하지 마세요!' 매사에 너무 걱정이 많아서인 것 같지만, 영어식 사고에서는 여차하면 '괜찮냐? 걱정하지 말라, 다 잘될 거다' 등 안심부터 시키는 버릇이 있습니다. 외국물 좀 먹은 사람인 양 해결책 제안 후 마무리로 넘어가기 전에 한 번 써주는 센스!

Intensive Training   Don't worry! It would be OK.

걱정하지 마세요! 괜찮을 겁니다.

답변 틀
재사과

Pattern **144**

Once again, I truly apologize for the problem.

p144.mp3 다시 한 번, 그 문제에 대해 정말 죄송합니다.

재사과를 해주어야 한다면 똑같이 반복하지 말고 다른 어휘를 사용해서 유창성을 채점관에게 보여주세요. 정말 미안한 척 눈물나는 혼신의 연기는 필수!

Intensive Training   Once again, I truly apologize for the situation.

다시 한 번, 그 상황에 대해 정말 죄송합니다.

Pattern 145

If you have any questions ~

p145.mp3 다른 문제가 있으시면~

15초 정도 남았을 때, '더 필요한 문제가 있으면 연락하면 더 도와주겠다' 등의 마무리 멘트를 시작하면 시간 딱 맞게 끝낼 수 있습니다.

Intensive Training   If you have any questions feel free to call me back.

다른 문제가 있으시면 주저 말고 연락 주세요.

>> Keep in Mind!

어휘   feel free to [동사] : 주저 말고 [동사]하다

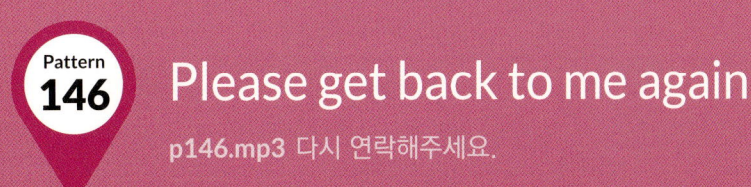

답변 틀
회신 요청

Pattern 146

Please get back to me again.

p146.mp3 다시 연락해주세요.

Intensive Training   If you have any questions, please get back to me as soon as possible.

다른 문제가 있으시면, 최대한 빨리 연락주세요.

>> Keep in Mind!

어휘   as soon as possible 최대한 빨리

Pattern 147

I will talk to you later today.

p147.mp3 좀 이따 다시 이야기합시다.

마무리 멘트에서 시간을 좀 끌어 줘야 할 경우를 대비해 몇 가지를 잘 암기해 두시고, 정작 시험장에서 시간에 쫓기게 되면 그냥 Please call me back. Bye.로 간단히 끝내면 그만입니다.

Intensive Training

I will **talk** to you **later today**.

좀 이따 다시 이야기합시다.

Let's **talk** about this issue **later today**.

좀 이따 이 건은 다시 이야기합시다.

Pattern 148

Have a great day. Good luck! Bye.

p148.mp3 좋은 하루 보내세요. 행운을 빌어요!
안녕히 계세요.

Intensive Training

Have a great day. Good luck! Bye.

좋은 하루 보내세요. 행운을 빌어요! 안녕히 계세요.

mini test
PART 5

Propose a Solution

10번은 듣고 푸는 문제입니다. mp3로 질문을 듣고 상대방의 정보와 문제점을 인지하는 훈련을 해보세요.

Q10

Self Check   ① ② ③ ④ ⑤ ⑥ ⑦ ⑨ ⑩

     minitest_Q10.mp3

Hello, this is Caroline, the assistant manager in HR. Since you are a manager of the Human Resources Department, I want to hear your tips. Our profits have gradually increased. So in the last quarter, we decided to expand our new branches in Europe. But first of all, we are short on workforce, so I put job openings online and surprisingly, too many people applied for the positions that we've offered. As a result, I just don't know how to choose among such a large number of candidates since we only need four people for the positions at our company. Please call me back with your ideas. Bye.

안녕하세요, 인사부 대리, 캐롤라인입니다. 부서장님께 의견을 여쭙고자 연락 드렸습니다. 근래에 수익이 지속적으로 올라서 지난 분기에 유럽으로 새 지사를 설립하기로 결정했습니다. 그런데 우선, 인력이 모자라서, 온라인으로 일자리 공고를 올렸는데 놀랍게도 너무 많은 지원자가 구직 신청을 했습니다. 문제가, 우리 회사가 딱 4명만 필요한 상황이라 이 많은 사람 중 누구를 뽑아야 할지 모르겠습니다. 전화로 의견 좀 부탁드립니다. 안녕히 계세요.

PREPARATION TIME	RESPONSE TIME
00:00:30	00:01:00

mini test
ANSWER 678

 minitest_a10_lv6.mp3

Hello, Caroline. This is Jake speaking and I'm returning your call. You said you were worried about finding four people for the positions in the new branch but you don't know how to select the employees. So you want me to help you out, right? Why don't we collect their resumes first? After that, we should hold a special interview for the positions. In this way, we would find the right people for right positions faster. Well... I have more ideas. I will send them by email right away. Let's talk about this issue later today. Have a great day. Bye.

캘롤라인 씨, 안녕하세요. 메시지에 회신 드리는 제이크입니다. 새 지사에 필요한 4명의 지원자를 찾는 것이 걱정인데, 어떻게 직원들을 뽑아야 할지 모르겠다고 도와달라 하신 것, 맞죠? 우선, 지원자들의 이력서를 모두 모아볼까요? 그리고 특별 인터뷰 스케줄을 만듭시다. 이 방법으로, 적재적소에 직원들을 더 빨리 찾을 수 있을 겁니다. 음…제게 아이디어가 더 있습니다. 지금 이메일로 보내겠습니다. 오늘 중 다시 이야기합시다. 즐거운 하루 보내세요. 안녕히 계세요.

 **Level 7**  minitest_a10_lv7.mp3

Hello, Caroline. This is Georgia speaking and I'm returning your call. You said you were worried about finding four new employees for the positions in the new branch in Europe that we've offered but you don't know what to do and how to choose them properly. So you want me to help you out, right? Why don't we collect their resumes first and schedule a special interview for the positions next week? We would find the right employees faster. Don't worry. Everything's going to be fine. I have more ideas. I will send them by email right away. Please check it out and if you have any questions, please call me back. I hope this helps. Bye.

캘롤라인 씨, 안녕하세요. 메시지에 회신 드리는 조지아입니다. 유럽 지사에 필요한 4명의 지원자를 찾는 것이 걱정인데, 무엇을 해야 할지 또 어떻게 제대로 그들을 뽑아야 할지 모르겠다고 도와달라 하신 것, 맞죠? 우선, 지원자들의 이력서를 모두 모으고, 다음 주에 특별 인터뷰 스케줄을 만듭시다. 아마도, 딱 맞는 사람들을 더 빨리 찾을 수 있을 겁니다. 걱정하지 마세요. 다 잘될 테니까요. 제게 아이디어가 더 있으니 지금 이메일로 보내겠습니다. 이메일을 확인하시고 질문 있으시면 다시 연락해주세요. 도움이 되었기 바랍니다. 안녕히 계세요.

 **Level 8**

 minitest_a10_lv8.mp3

Hello, Caroline. This is Amanda speaking and I'm returning your call. You said you were worried about finding four new employees for the positions that we've offered for the new branch in Europe but you don't know who to choose appropriately. So you want me to help you out, right? Why don't we collect the candidates' resumes on our company website first and schedule a special interview for the positions next week? If not, we may run the telephone interviews. In this way, we would find the right employees for right positions of our company faster. Don't worry. Everything's going to be fine. I have more ideas about the interview process. I will send them by email right away. Please check it out in 15 minutes and if you have any questions, please call me back. I hope this helps. Bye.

캘롤라인 씨, 안녕하세요. 메시지에 회신 드리는 어멘다입니다. 유럽 지사에 필요한 4명의 지원자를 찾는 것이 걱정인데, 누구를 뽑아야 할지 모르겠다고 도와달라 하신 것, 맞죠? 우선, 우리 회사 웹사이트를 통해 지원자들의 이력서를 모두 모으고, 다음 주에 특별 인터뷰 스케줄을 만듭시다. 아니면, 전화 인터뷰를 시행할 수도 있어요. 이 방법으로, 더 빨리 딱 맞는 직원들을 찾을 수 있을 겁니다. 걱정하지 마세요. 다 잘될 테니까요. 인터뷰 진행에 관련해 아이디어가 더 있으니 지금 이메일로 보내겠습니다. 15분 후 확인하시고 질문 있으시면 다시 연락해주세요. 도움이 되었기 바랍니다. 안녕히 계세요.

PART 6

Express an Opinion
본인 의견 말하기

Q11

준비 시간 **15초**/ 답변 시간 **60초**

    찬반형 또는 선택형 문제 중 1문제가 출제되고 그에 대한 나의 의견을 말하는 스피치를 하는 파트입니다. 15초밖에 준비시간이 없어서 미리 예상문제로 유형 정리를 충분히 하면서 case-study를 많이 해야 할 말을 만들어 갈 수 있습니다. 쉽게 생각을 말하려 노력해야 하고 이유와 근거, 본인의 경험이나 감정 등을 추가 내용으로 덧붙여 길게 말하는 연습이 중요합니다.

    Part 3에 [착한 뻥 팁]의 아이디어들을 여기서 한 번 더 요긴하게 사용할 수 있습니다. 암기와 순발력은 이 파트에서도 중요합니다. 생각의 전환이 필요한 파트로서, 서론의 방향을 할 말이 더 많은 쪽으로 잡아야 본론에서 더욱 많은 이유와 근거를 붙일 수 있습니다. 서론의 주장을 paraphrasing(의역)하여 결론까지 마무리하면 되고 발음과 억양, 시제와 수일치, 전달력과 유창성 모두가 득점 포인트이므로 이곳이 가장 어려운 파트 되겠습니다. 반복이 심하거나 머뭇거리지 않을 수 있게 유연하게 넘기는 연습을 꼭 해주세요.

5점 만점

Pattern
149

회사/ 업무 관련 (1)

p149.mp3

회사와 업무 관련된 내용입니다. 가장 많이 출제되는 유형으로 실제 수험자가 회사 생활을 해본 적 없다 하더라도 꼭 회사 경험이 있는 척 말해줘야 할 말이 많아지므로 어쩔 수 없이 없는 경험을 만들어 가야 하는 유형입니다.

Pattern Practice (Question)

Do you agree or disagree with the following statement?
"Having online websites or homepages is vital for successful business."

아래 내용에 동의하는가 동의하지 않는가?
"온라인 웹사이트나 홈페이지를 가지는 것은 성공적인 사업을 위해 필수적이다."

Pattern Combo (Answer)

 Companies can promote their products faster and easier.
회사들은 제품과 서비스들을 빠르고 쉽게 홍보할 수 있습니다.

 Customers find new products anywhere by using their smartphones.
고객들이 그들의 스마트폰을 이용하여 어디서나 신제품을 찾습니다.

 So, a good website is necessary for a successful business.
그래서, 성공적인 회사는 좋은 웹사이트를 가지고 있어야 합니다.

Yes, I agree that having online websites or homepages is vital for a successful business.

Thanks to online websites, companies can promote their products and services faster and easier nowadays. It is convenient and useful for customers to find new products anywhere by using their smartphones.

So, a successful business should have a good website.

네, '온라인 웹사이트나 홈페이지를 가지는 것은 성공적인 사업을 위해 필수적이다'라는 것에 동의합니다.

온라인 웹사이트에 고맙게도, 오늘날 회사들은 제품과 서비스들을 빠르고 쉽게 홍보할 수 있습니다. 고객들은 그들의 스마트폰을 이용하여 어디서나 신제품을 편하고 유용하게 찾을 수 있게 해줍니다.

그래서, 성공적인 회사는 좋은 웹사이트를 가지고 있어야 합니다.

>> Keep in Mind!

| 어휘 | Thanks to [명사] : [명사]에 고맙게도 | vital 필수적인 |

Pattern 150 회사/ 업무 관련 (2)

p150.mp3

회사와 업무 관련된 내용은 경험이 많이 없거나, 전혀 없기 때문에 답변 아이디어와 팁을 많이 암기해가는 것이 최고입니다. 입으로 소래 내어 암기 중이시죠?

Pattern Practice (Question)

Do you agree or disagree with the following statement?
"It is getting easier to get a balance between work and people's private lives."

아래 내용에 동의하는가 동의하지 않는가?
"업무와 사람들의 사생활 사이에 균형을 잡기가 더욱 쉬워지고 있다."

Pattern Combo (Answer)

 88 by using my smartphone
내 스마트폰을 써서

 + I work and communicate with my colleagues by email faster.
저는 이메일로 직장 동료들과 소통을 합니다.

 + I don't have to waste time commuting
통근에 시간을 낭비하지 않아도 됩니다.

Intensive Training

Yes, I agree that it is getting easier to get a balance between work and people's private lives.

Thanks to the internet, I work at home and communicate with my colleagues by email faster, so I don't have to waste time commuting. Moreover, my hobby is watching movies and I usually watch them at home by using my smartphone after finishing work. In this way, I have more free time these days.

Therefore, by using the internet, getting a balance between work and my life is not that difficult today.

네, 업무와 사람들의 사생활 사이에 균형을 잡기가 더욱 쉬워지고 있다는 것에 동의합니다.

인터넷에 고맙게도, 저는 자책 근무를 하며 이메일로 직장 동료들과 빠르게 소통을 합니다. 그래서 통근에 시간을 낭비하지 않아도 됩니다. 게다가, 제 취미는 영화 보는 것인데 업무가 끝나면 주로 제 스마트폰을 써서 영화를 봅니다. 이 방법으로 요즘 여가 시간이 더 많아졌습니다.

그래서, 인터넷을 통해, 업무와 사생활 사이 균형을 잡는 것은 요즘 그리 어렵지 않습니다.

>> Keep in Mind!

 colleagues 직장 동료들   working time 업무 시간
at work 회사에서   at home 집에서
work at home 자택 근무

Pattern
151

회사/ 업무 관련 (3)

p151.mp3

다양한 경험을 가지고 있으면 큰 회사에서 더욱 빛을 발하겠죠. 이것저것 다 할 줄 아니까 여러 사람을 다룰 줄 알고 많은 일을 빨리하고 인정받을 수도 있을 겁니다. 이런 이야기/ 스토리텔링(story-telling)으로 전개하는 훈련을 입으로 말하면서 또 써보면서 함께 해주세요.

Pattern Practice (Question)

Do you agree or disagree with the following statement?
"People having a range of experience are better working at a small company."

아래 내용에 동의하는가 동의하지 않는가?
"다양한 경험을 가지고 있는 사람들이 작은 회사에서 일을 더 잘한다."

Pattern Combo (Answer)

 People with a lot experience can easily work at a large company.
많은 경험을 가진 사람들은 큰 회사에서 쉽게 일할 수 있습니다.

 They know how to deal with the problems.
그들은 많은 문제를 어떻게 다룰지 압니다.

 skills to manage things with many people
많은 사람과 업무를 관리하는 능력

No, I don't think that people having a range of experience are better working at a small company.

People with a lot experience can easily work at a large company because they know how to deal with a lot of problems and people. Also, they have skills to manage things with many colleagues as a team.

So, experienced workers actually work better at a large company.

아니요, 다양한 경험을 가지고 있는 사람들이 작은 회사에서 일을 더 잘한다고 생각하지 않습니다.

많은 경험을 가진 사람들은 큰 회사에서 쉽게 일할 수 있는데 그 이유는 그들이 많은 문제와 인력들을 어떻게 다룰지 알기 때문입니다. 또한, 그들은 많은 직장 동료들과 팀을 이루어 업무를 관리하는 능력을 갖추고 있습니다.

그래서, 경력 직원들은 사실 큰 회사에서 일을 더 잘합니다.

>> Keep in Mind!

 get things done 일을 처리하다　　　　actually 사실은

회사/ 업무 관련 (4)

p152.mp3

Part 3에서 문제를 풀때부터 우리는 대인관계 잘하는 social-person으로 가기로 했었죠? 팀으로 일하는 것이 아이디어를 얻기도 그리고 생각하기도 빠르고 좋습니다. 답변은 당연히 No!

Pattern Practice (Question)

Do you agree or disagree with the following statement?

"It is easier to figure out new ideas when working alone than when working in a team."

아래 내용에 동의하는가 동의하지 않는가?
"혼자 일할 때가 팀으로 일할 때보다 새로운 아이디어를 생각해 내기 더욱 쉽다."

Pattern
Combo
(Answer)

 save time
시간을 아끼다

 learn new things from others
다른 사람들로부터 새로운 것을 배우다

 broaden my knowledge
지식을 넓히다

 While communicating with others, I can gather
better ideas and thoughts.
다른 사람들과 소통을 하면서, 더 좋은 아이디어와 생각들을 모을 수 있습니다.

No, I don't agree that it is easier to figure out new ideas when working alone than when working in a team.

While communicating with others at work, I can gather better ideas and thoughts faster. It's very efficient for saving time. Furthermore, it's also helpful for broadening my knowledge because I can learn new things from different types of coworkers at work.

So, working in a team is better for finding new ideas to me.

아니요, 혼자 일할 때가 팀으로 일할 때보다 새로운 아이디어를 생각해 내기 더욱 쉽다라는 것에 동의하지 않습니다.

회사에서 다른 사람들과 소통을 하면서, 더 좋은 아이디어와 생각들을 더 빨리 모을 수 있습니다. 그것은 시간을 아끼는데 아주 효율적입니다. 게다가, 회사에 다른 여러 종류의 동료 직원들로부터 새로운 것을 배울 수 있기 때문에 제 지식을 넓히는 것에도 도움이 됩니다.

그래서, 새로운 아이디어를 찾기 위해서는 팀으로 일하는 것이 더 좋습니다.

>> Keep in Mind!

 어휘   gather 모으다   thought 생각
         efficient 효율적인   broaden my knowledge 지식을 넓히다

질문 종류

Pattern **153**

회사/ 업무 관련 (5)

p153.mp3

3가지 중 택 1하는 문제는 가장 할말이 많은 최고의 1개를 골라서 무슨 이야기를 해줄까 생각하다 시작합니다.
사용하지 않은 나머지 2개는 반론의 근거를 들어 나의 주장을 support 해주면 최고!

Pattern Practice (Question)

Which of the following factors do you think is the most important
in order to succeed at work?

Choose one of the options provided below.

And give specific reasons and examples to support your opinion.

- leadership   - technology   - customer service

회사에서 성공하려면 가장 중요한 요소가 무엇입니까?
구체적인 이유와 예시로 당신의 주장을 뒷받침하십시오.

– 리더십   – 기술   – 고객서비스

Pattern Combo (Answer)

 I'm good at using the internet and online programs.
저는 인터넷과 온라인 프로그램들을 잘 다룹니다.

 I use the internet on my smartphone when I need
to complete my tasks outside of the office.
사무실 밖에서 업무를 완료해야 할 때도 제 스마트폰을 써서 인터넷을
사용합니다.

 It is for achieving goals and handling more work.
그것은 빠르게 목표를 달성하고 더 많은 일을 처리하게 해줍니다.

Intensive Training

I think the most important factor for succeeding at work is technology.

Company workers should know how to deal with different kinds of technology, such as the internet. For example, I'm good at using the internet and online programs so when I need some ideas or materials for my tasks at work, I usually gather them from the internet. Also, I use the internet on my smartphone when I need to complete my tasks outside of the office. It is fast for achieving goals and handling more work.

So, the technology is the most important factor for success today.

저는 회사에서 성공하려면 가장 중요한 요소가 기술이라고 생각합니다.

회사 직원들 인터넷과 같은 여러 종류의 기술들을 어떻게 다루는지 알아야 합니다. 예를 들어, 저는 인터넷과 온라인 프로그램들을 잘 다루기 때문에 회사에서 업무를 다룰 때 필요한 아이디어나 자료가 필요하면, 주로 인터넷으로 찾아 모읍니다. 또한, 사무실 밖에서 업무를 완료해야 할 때도 제 스마트폰을 써서 인터넷을 사용합니다. 그것은 빠르게 목표를 달성하고 더 많은 일을 처리하게 해줍니다.

그래서, 기술이 오늘날 성공의 가장 중요한 요소입니다.

>> Keep in Mind!

어휘 handle ~ (일 등을) 처리하다   I'm good at [명사] : [명사]를 잘하다

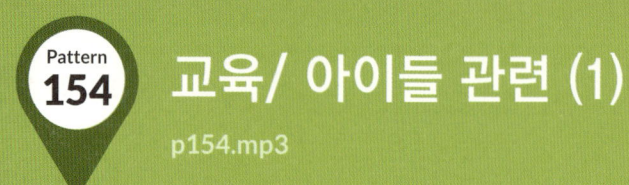

아이들과 선생님, 교육과 관련된 문제가 나오면 과거형으로 동사의 시제가 변할 수 있는데, 지금 내가 학생이라는 전제를 줄 수 있으면 [I] 주어로 진행하고, 아이들을 꼭 선택하여 진행할 수밖에 없다면, They로 말하면서 수일치에 촉각을 곤두세워야 합니다.

Pattern Practice (Question)

Do you agree or disagree with the following statement?
"Children should not be allowed to use the internet."

아래 내용에 동의하는가 동의하지 않는가?
"아이들이 인터넷을 사용하는 것을 허용하지 말아야 한다."

Pattern Combo (Answer)

 They can learn a lot of things for free online.
아이들은 온라인에서 무료로 많은 것을 배울 수 있습니다.

 They communicate with people living abroad and share their ideas with one another.
외국에 사는 사람들과 소통하거나 아이디어를 서로서로 나눌 수도 있습니다.

 For these reasons, children today should use the internet.
이런 이유로, 아이들은 오늘날 인터넷을 꼭 사용해야 합니다.

No, I don't agree that children should not be allowed to use the internet.

Children can learn a lot of things for free online. They can even communicate with people living abroad and share their ideas with one another. It is very educational and efficient for making new friends.

For these reasons, children today should use the internet.

아니요, 아이들이 인터넷을 사용하는 것을 허용하지 말아야 한다는 것에 동의하지 않습니다.

아이들은 온라인에서 무료로 많은 것을 배울 수 있습니다. 심지어, 외국에 사는 사람들과 소통하거나 아이디어를 서로 나눌 수도 있습니다. 그것은 새로운 친구를 만드는 데 있어 매우 교육적이고 효율적입니다.

이런 이유로, 아이들은 오늘날 인터넷을 꼭 사용해야 합니다.

>> Keep in Mind!

 educational and efficient 교육적이고 효율적인

one another 서로　　　　　　　　　make new friends 새로운 친구들을 사귀다

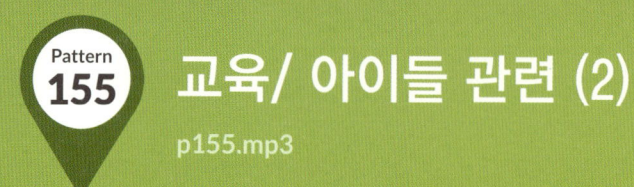

교육/ 아이들 관련 (2)

p155.mp3

좋은 선생님은 당연히 학생들에게 질문을 많이 하겠죠. 질문에 대해 생각해보면서 학생 스스로 더 많은 것을 배우고 지식을 넓힐 수 있으니까요.

Pattern Practice (Question)

Do you agree or disagree with the following statement?
"Good teachers ask many questions of their students."

아래 내용에 동의하는가 동의하지 않는가?
"좋은 선생님은 학생들에게 질문을 많이 한다."

**Pattern
Combo
(Answer)**

 For example, I'm a university student.
예를 들어, 저는 대학생입니다.

 My english teacher asks a lot of questions.
제 영어 선생님은 학생들에게 많은 질문을 합니다.

 While discussing the questions and finding the answers with my classmates, my English improved a lot.
반 친구들과 문제를 논의하고 답을 찾으면서 영어가 많이 늘었습니다.

Yes, I agree that good teachers ask many questions of their students.

For example, I'm a university student and my English teacher, Janet, always asks a lot of questions of her students. At the beginning of the course I hated the tons of questions, but while discussing the questions and finding the answers with my classmates, my English improved a lot.

This is why I think teachers need to ask many questions of their students.

네, 좋은 선생님은 학생들에게 질문을 많이 한다라는 것에 동의합니다.

예를 들어, 저는 대학생이고 제 영어 선생님, 자넷은 항상 학생들에게 많은 질문을 합니다. 수업 초반에는 엄청나게 많은 질문이 정말 싫었지만 반 친구들과 문제를 논의하고 답을 찾으면서 영어가 많이 늘었습니다.

이것이 왜 선생님이 학생들에게 질문을 많이 해야 하는지의 이유입니다.

>> **Keep in Mind!**

 at the beginning of the course 수업 초반에
tons of questions 엄청나게 많은 질문

Pattern 156 일상다반사 (1)

p156.mp3

종류와 유형도 다양한 일상다반사 문제들. 여가, 여행, 취미, 경험, 시사, 내 생각 등 다양한 주제를 만나게 됩니다. 수단과 방법은 인터넷으로 답변하는 것 기억하고 계시고 어떻게 어디서 하는지 물어오면 바로 사용하세요. 무엇을 물어보더라도 대인 관계를 좋아하는 사람으로서 돈/시간/노력을 아끼는 사람으로 변신하는 것이 핵심.

Pattern Practice (Question)

In your opinion, who is the best person to ask for advice before you make an important decision?

Choose one of the options provided below;

- teacher　　　- family member　　　- friend

당신이 중요한 의사 결정을 하기 전에 조언을 구할 수 있는 가장 좋은 사람은 누구인가?
아래의 예시 중 하나를 선택하세요.

– 선생님　　　– 가족　　　– 친구

Pattern Combo (Answer)

 She has good ideas and various experience.
그녀는 많은 아이디어와 다양한 경험을 가지고 계십니다.

 She always helps me make a better choice.
그녀는 항상 더 좋은 선택을 하게 도와주십니다.

 I can communicate and share my personal issues with her
그녀와 개인적인 문제들을 나누고 소통할 수 있습니다.

In my case, my mother is the best person to ask for advice before I make an important decision.

My mother, having good ideas and various experience always helps me make a better choice. Whenever I need to, I can communicate and share my personal issues with her. I feel lucky that I have a perfect advisor for my life.

For me, my mother is the best person when I need advice.

제 경우에는, 저의 어머니가 의사 결정을 하기 전에 조언을 구하기 가장 좋은 사람입니다.

많은 아이디어와 다양한 경험을 가지고 계신 어머니는 항상 더 좋은 선택을 하게 도와주십니다. 언제든 제가 필요할 때, 개인적인 문제들을 나누고 소통할 수 있습니다. 삶을 위한 완벽한 조언가를 가진 것이 행운이라 느낍니다.

저의 경우에는, 조언이 필요할 때 제 어머니가 최고입니다.

>> **Keep in Mind!**

 Whenever I need 내가 필요할 때마다

간단히 생각해 봅시다. 돈이 많으면 우선 당장은 행복할 일이 많을 것 같습니다. 그렇죠? 새집과 멋진 차, 좋은 보석도 사고, 내가 좋아하는 여행과 쇼핑을 맘껏 하고 해외 7성급 호텔 스파를 즐기는 생활은 엄청나게 행복하겠네요. 항상 너무 튀게 부정적으로 생각하지 말고 긍정으로 가는 것이 말하기 쉽습니다.

Pattern Practice (Question)

Do you agree or disagree with the following statement?
"Having more money makes people happier."

아래 내용에 동의하는가 동의하지 않는가?
"더 많은 돈은 사람들을 행복하게 한다."

Pattern Combo (Answer)

 In my case,
제 경우,

 If I had more money to buy them, I would be happier.
돈이 더 많다면 더 행복할 것 입니다.

Yes, I agree that having more money makes people happier.

In my case, I like shopping for new clothes, shoes and bags. If I had more money to buy them, I would be happier. Money talks.

This is why more money would make me happier.

네, 더 많은 돈은 사람들을 행복하게 한다는 것에 동의합니다.

제 경우, 저는 새 옷, 신발과 가방 쇼핑을 좋아합니다. 그것들을 살 돈이 더 많다면 저는 더 행복할 것입니다. 돈이 최고라고들 합니다.

이것이 왜 더 많은 돈이 나를 더 행복하게 만들 것이라고 생각하는 이유입니다.

>> Keep in Mind!

어휘 Money talks 돈이 최고

환경 문제 관련

Pattern 158

p158.mp3

잘 나오지 않지만, 가끔 돌발적으로 나오는 유형이니 간단히라도 자연 보호를 위해 무엇을 아끼면 좋을지 생각해 두세요. 보통 기름, 종이, 에너지(전기) 재활용 등을 떠올려 주면 편하겠네요.

Pattern Practice (Question)

Which do you think is better to protect the environment?
- saving electricity
- saving paper

환경을 보호하기 위해 어떤 것이 더 좋은가?
– 전기 절약
– 종이 절약

Pattern Combo (Answer)

 In my case,
제 경우에는,

 I usually have meetings with my colleagues online.
온라인으로 회사 동료들과 회의를 합니다.

 I don't need to make copies and waste paper anymore
더는 복사를 하지 않아도 되고 종이를 낭비하지 않아도 되어서

 I tend to use scrap paper at work.
회사에서 이면지를 사용하는 경향이 있습니다.

Intensive Training

I think saving paper is better for protecting the environment.

In my case, I usually have meetings with my colleagues online. I don't need to make copies and waste paper anymore, so it is easier for me to save paper everyday. Also, I tend to use scrap paper at work to save both trees and budget.

For these reasons, saving paper is better for me for protecting the environment.

저는 종이 절약이 자연 보호에 더 좋다고 생각합니다.

제 경우에는, 온라인으로 회사 동료들과 회의를 합니다. 더는 복사를 하지 않아도 되고 종이를 낭비하지 않아도 되어서 제게는 매일 실천하기 더 쉽습니다. 또한, 저는 나무와 자금 모두를 아끼기 위해 회사에서 이면지를 사용하는 경향이 있습니다.

이런 이유로, 종이 절약이 환경 보호를 위해 더 좋다고 생각합니다.

>> Keep in Mind!

 어휘   save both trees and budget 나무와 자금 모두를 아끼다

선호도 질문

Do you prefer ~?

Pattern 159

Do you prefer to watch a movie or work out in your free time?

p159.mp3 쉬는 시간에 영화를 보는 것과 운동 하는 것 중 어떤 것을 선호합니까?

선호도를 묻는 일반 의문문으로서, 2개 옵션 중 택 1 하거나, 1개의 옵션에 대한 선호도를 묻는 말입니다. 서론은 비교급으로 선택 답을 분명히 해주고 본론에서는 '왜 선호하는지'를 근거와 이유를 차례로 붙여 조리 있게 대답합니다. 개인적인 선호이기 때문에 관련 경험과 느낌, 결과 등 근거를 꼭 붙여 할 말이 많은 쪽을 선택해주세요.

Pattern Combo

 97 with my friends or family
내 친구들이나 가족과

 166 Moreover, ~
더불어, ~

 + it makes me relax and feel good
휴식을 취할 수 있고 기분이 좋아집니다.

 + at a park called Central Park
센트럴 파크라 불리는 공원에서

 + This is why I prefer working out.
이것이 운동을 더 선호하는 이유입니다.

Yes, I would prefer to [동사]
= Yes, I would prefer [동사]-ing

Yes, I would rather [동사]
⇨ This is why I prefer A/ B.

네, [동사]를 하는 것을 더 선호합니다.

네, 저는 차라리 [동사]하고 싶습니다.
⇨ 이것이 A/ B를 더 선호하는 이유입니다.

Intensive Training   I prefer to work out in my free time.

It makes me relax and feel good while I work out with my friends or family at a park called Central Park. Moreover, I can keep in shape and improve my health.

This is why I prefer working out.

네, 저는 쉬는 시간에 운동하는 것을 더 선호합니다.

제 경우에는, 센트럴 파크라 불리는 공원에서 제 친구들이나 가족과 운동을 하면서 휴식을 취할 수 있고 기분이 좋아집니다. 더불어, 몸매를 유지하고 건강을 증진시킬 수 있습니다.

이것이 운동을 더 선호하는 이유입니다.

>> **Keep in Mind!**

:: WH Questions의 시작 → I think~
   그 외 의문문의 시작 → Yes/ No, ~

어휘   keep in shape 몸매를 유지하다
       improve (one's) health (누구의) 건강을 증진시키다

Pattern 160

Which do you think is more important
for success, hard work or natural ability?

p160.mp3 노력과 타고난 능력 중, 어떤 것이 성공에 더
중요하다고 생각합니까?

WH Questions들은 앞으로 나오려는 습성이 있습니다. 하여, Do you think which is better~?의 질문이
도치되어 Which do you think is better ~?처럼 do you think를 가운데 끼어 쓰게 된 것이죠.
간단히 Which do you prefer 의문문과 뜻은 같게 생각하면 되고, 뒤에 A or B 중 선택하면 됩니다.

**Pattern
Combo**

 I can learn different kinds of skills
다양한 스킬들을 배울 수 있다

 In my case,~/ In this way,~
제 경우에는, ~/ 이 방법으로, ~

I think [(동)명사] is better than [(동)명사]
I like [(동)명사] more
⇨ Consequently, A/ B is much better.

[(동)명사] 하는 것이 더 좋다고 생각합니다.
저는 [(동)명사] 하는 것이 더 좋습니다.
⇨ 결론적으로, A/ B 가 훨씬 좋습니다.

186

I think hard work is more important (than natural ability) for success.

In my case, I have been working for GS recently. Although I usually work more than ten hours a day I feel satisfied with my job. It is because I can learn different kinds of skills which are beneficial and helpful for a successful career. Rewardingly, I was promoted to a marketing manager last month.

Consequently, I believe hard work is much better for a successful life.

제 생각에 성공을 위해서는 노력이 (타고난 능력보다) 더 중요하다고 생각합니다.

제 경우, 요즘 GS에서 일하고 있습니다. 하루에 10시간 넘게 일함에도 불구하고 제 일에는 만족감을 느낍니다. 왜냐하면, 성공적인 커리어를 위해 유익하고 도움되는 다양한 기술을 배울 수 있기 때문입니다. 보람 있게도, 저는 지난달에 마케팅팀장으로 승진했습니다.

결과적으로, 노력이 성공적 삶을 위해 더 좋습니다.

>> Keep in Mind!

:: than ~ 이하는 생략 가능

:: I work for GS recently   최근에 GS에서 일하다
   I feel satisfied with my job   내 직업에 만족하다

어휘   beneficial and helpful   유익하고 도움되는
       rewardingly   보람있게도
       I was(got) promoted to a [직책] : [직책]으로 승진되었다

선호도 질문

What is the most important factor for you ~?

Pattern
161

What is the most important factor for you in choosing a hotel to stay at?

p161.mp3 묵을 호텔을 선택할 때 당신에게 가장 중요한 것은 무엇입니까?

3가지 정도 옵션을 주고 무엇이 제일 중요한지 선호 여부를 묻는 말입니다. 2개도 아니고 3개 중 골라야 하므로 가장 근거와 이유가 많은 것으로 결정하고 비교급이 아닌 최상급으로 서론과 결론의 내용을 전개합니다.

Pattern Combo

 In my experience,~
제 경험상,~

 in the downtown area = downtown
시내에

 near the hotel
호텔 근처에

 fast and convenient
빠르고 편한

 get around
돌아다니다

 get back to the hotel
호텔로 돌아가다

The most important factor to [동사] is ~
⇨ Therefore, [명사] means a lot to me when choosing a hotel to stay.

[동사] 하기 가장 중요한 것은 ~
⇨ 그러하므로, [명사]는 내게 중요합니다.

The most important factor in choosing a hotel to stay at is the location.

In my experience, the hotel should be located in the downtown area. When I traveled in Italy I stayed at a local hotel downtown. The subway station was near the hotel, so it was fast and convenient to get around and get back to the hotel. In this way, I could save a lot travel time.

Therefore, the location of the hotel means a lot to me when choosing a hotel to stay at.

묵을 호텔을 선택할 때 제게 가장 중요한 것은 위치입니다.

제 경험상, 호텔은 시내에 있어야 합니다. 제가 이탈리아로 여행 갔을 때 시내에 호텔에 묵었습니다. 전철역이 호텔 근처에 있어서 돌아다니거나 호텔로 돌아오기도 빠르고 편했습니다. 이 방법으로, 여행 시간을 많이 아낄 수 있었습니다.

결론적으로, 호텔을 택할 때는 그 위치가 제겐 아주 중요합니다.

>> Keep in Mind!

:: to [동사] : [동사]를 하기 위해서 (행동의 이유 묘사)
  * to choose a hotel 호텔을 고르기 위해서

  in [(동)명사] : [(동)명사]를 하는 데 있어서 (행동의 범위 묘사)
  * in choosing a hotel 호텔을 고르는 데 있어서

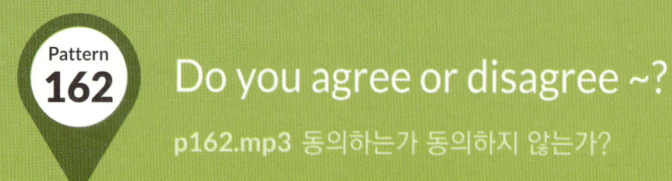

Pattern **162**

Do you agree or disagree ~?

p162.mp3 동의하는가 동의하지 않는가?

일반 의문문이므로 Yes/No로 답변 방향을 먼저 명시해 주는 것이 아주 중요합니다. Yes, I agree that ~/ No, I don't agree that처럼 절 단위 뒤로 논제를 그대로 붙여 읽으면 쉽게 서론이 완성되고, 본론에서 주장을 밀어주는 근거와 이유를 크게 2~3가지 정도 잡아 컨텐츠를 확보합니다. 결론은 논제를 의역하여 간단하게 다시 말해주고 마무리하면 됩니다.

Pattern Practice (Question)

Do you agree or disagree with the following statement?
"People tend to buy things that they don't need."

아래 내용에 동의하는가 동의하지 않는가?
"사람들은 그들이 필요하지도 않은 물건들을 사는 경향이 있다."

Pattern Combo

 87 on the internet
인터넷으로

 172 For example, ~
예를 들어, ~

 88 by using my smartphone
내 스마트폰을 써서

 + While browsing for items online
인터넷으로 제품을 찾아보면서

Yes, I agree that ~
No, I don't agree that ~
⇨ That's why I agree/disagree with this opinion.

네, 저는 ~에 동의합니다.
아니요, 저는 ~에 동의하지 않습니다.
⇨ 그게 왜 제가 이 주제에 동의하는지/ 동의하지 않는지의 이유입니다.

Yes, I agree that people tend to buy things that they don't need.

For example, I usually buy things on the internet by using my smartphone. While browsing for items online, I can't help buying this and that.

That's why I agree with this opinion.

네, 저는 사람들은 그들이 필요하지도 않은 물건들을 사는 경향이 있다는 것에 동의합니다.

예를 들자면, 저는 제 스마트폰을 써서 인터넷으로 물건을 삽니다. 물건들을 온라인으로 훑어보면서 이것저것 사는 것을 멈출 수가 없습니다.

그게 왜 제가 이 주장에 동의하는지의 이유입니다.

>> Keep in Mind!

:: That's why I agree/disagree with this opinion.
결론에서 시간이 없을 때 이 문장 하나로 빠르게 종료할 것

어휘	browse (~쭉) 훑어보다	I can't help 어쩔 수 없다
	this and that 이것저것	

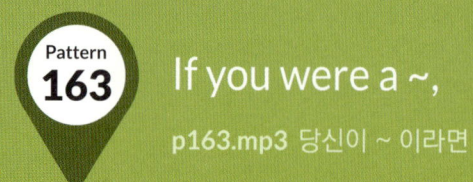

Pattern
163

If you were a ~,

p163.mp3 당신이 ~ 이라면

'어떤 상황이라면, ~'과 같이 조건절을 시작으로 질문하는 유형입니다. 경험해본 적도 없는 내용을 가정하여 말하기 쉽지 않지만, 강하게 상상력을 드라이빙해 주세요. 조건절을 그대로 나의 스피킹에 붙여 쓰면 생각할 시간을 벌 수 있는 좋은 filler(필러)가 됩니다.

Pattern Practice (Question)

If you were a boss of a company, which do you think would be better for your company?

    - making more money   - getting a better reputation

만약 당신이 회사의 사장이라면, 회사를 위해 어떤 것이 더 좋다고 생각합니까?
    – 더 많이 돈 벌기   – 더 좋은 명성 얻기

Pattern Combo

 As a result, ~
결과적으로, ~

 I run a small [회사]
나는 작은 [회사]를 운영하고 있다

 improve the quality and service
질과 서비스를 개선시키다

 [사람] feel satisfied with [명사]
[사람]이 [명사]에 만족하다

If [I 주어] were a boss, I think ~ would be more important for my company.
내가 사장이라면, ~하는 것이 회사를 위해 더 중요하다고 생각합니다.

If I were a boss, I think making money would be more important for my company.

I run a small clothing store these days. When I made some money, I invested it in improving the quality of the clothes and customer service. This way, my customers felt satisfied with my clothing store and goods.

As a result, my business naturally got a good reputation.

만약 제가 회사의 사장이라면, 더 많이 돈을 버는 것이 회사를 위해 더 좋다고 생각합니다.

제 경우, 요즘 작은 옷가게를 하고 있습니다. 돈을 좀 벌었을 때, 저는 옷의 질과 서비스 개선을 위해 그 돈을 투자했습니다. 이 방법으로, 제 고객들은 저희 가게와 상품에 만족합니다.

이 결과, 요즘 좋은 평판을 자연스레 얻게 되었습니다.

>> Keep in Mind!

:: 가정법 주절에 과거 동사를 썼다면, 뒤에 과거 조동사 would를 쓸 것

어휘　thesedays, recently, nowadays, today 요즘에

What are some of the advantages of [명사]?

p164.mp3 [명사]의 장점들은 무엇이 있습니까?

장/단점 문제는 꾸준히 속을 썩이는 문제 유형인데, 장점들 또는 단점들처럼 2가지 이상의 근거를 예시로 들어줘야 하므로 갑자기 지어내기 막막한 경우가 생길 수도 있습니다. 그래도 현재형 또는 과거형 동사와 수일치 등 문법적 실수를 최소화하면서 '빵' 경험을 진솔하게 이유의 전제로 잘 풀어주면 그리 어렵지만은 않습니다. 장점, Advantage (엇밴:트쥐) 발음에 주의, 반복 사용 대신 like, benefits, good 등 관련 설명을 도와줄 요긴한 다른 품사들을 이용해 줄 것!

Pattern Practice (Question)

What are some of the advantages of online shopping?

온라인 쇼핑의 장점들은 무엇이 있습니까?

Pattern Combo

 81 save money
돈을 아끼다

 86 save time
시간을 아끼다

 88 by using my smartphone
내 스마트폰을 써서

 89 As long as I have internet access
인터넷 사용만 가능하면

 93 I can get rid of stress
나는 스트레스를 풀 수 있다

 166 In addition, ~
덧붙여, ~

 + while shopping on the internet
인터넷으로 쇼핑하면서

I like ~/ I thinks ~

난 ~가 좋다/ 난 ~라고 생각한다

There are some advantages of online shopping.

Well, online shopping is my hobby. It is very important for me to get rid of stress while shopping online. In addition, as long as I have internet access, I can buy things at a reasonable price anytime anywhere by using my smartphone so I can save time and money.

Therefore, I think I get benefits from online shopping.

온라인 쇼핑에는 장점들이 있습니다.

음, 온라인 쇼핑은 제 취미입니다. 온라인으로 쇼핑하면서 스트레스를 풀 수 있다는 것은 제겐 매우 중요한 일입니다. 더불어, 인터넷만 되면, 좋은 가격으로 물건을 언제 어디서나 제 스마트폰을 써서 살 수 있기 때문에 시간과 돈을 절약할 수 있습니다.

그래서 저는 온라인 쇼핑으로 혜택을 얻는다고 생각합니다.

>> Keep in Mind!

:: my hobby is ~ : 내 취미가 ~이라서 그것을 한다는 식으로 전개하면 경험의 예시로 좋다

어휘   at a reasonable price 좋은 가격에
         anytime anywhere 언제 어디서나

토스를 끝내는 기특한 연결어

토익스피킹 테스트는 사실 여부를 떠나 하고자 하는 말을 일관성 있고 유창하게 하면 점수를 받는 시험입니다. 생면부지의 남, 채점관에게 진솔한 이야기를 해주고자 피 같은 시간을 버리느니, 주어진 몇 초의 시간 동안 상상력을 동원해 최대한 이야기를 만들어내는 것이 고득점 미션입니다.

본인의 주장을 뒷받침하는 근거(experience)와 이유(reason)를 조화롭게 사용하여 주장을 펼치려면 질문의 내용을 연결해 주는 연결어를 달달 암기하셔야 합니다.

'기특한 연결어'로 풍부한 발화량을 확보하여 주절주절 길게 1분 스피치를 만들어 보세요.

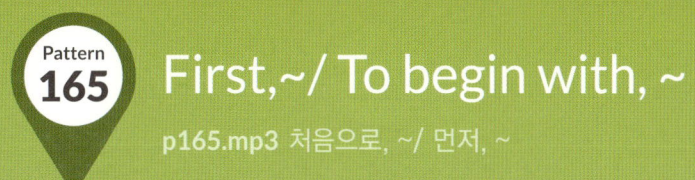

Pattern
165

First,~/ To begin with, ~

p165.mp3 처음으로, ~/ 먼저, ~

Intensive Training

To begin with, job satisfaction is very important for employees.

먼저, 직원에게 직업 만족도는 매우 중요합니다.

>> Keep in Mind!

어휘 job satisfaction 직업 만족도

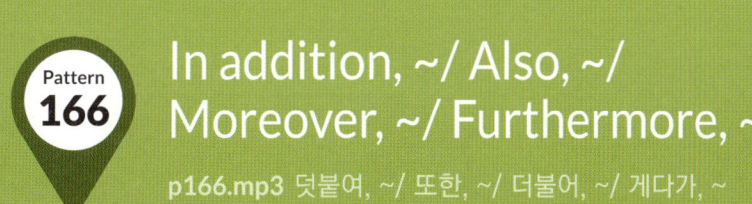

Pattern
166

In addition, ~/ Also, ~/ Moreover, ~/ Furthermore, ~

p166.mp3 덧붙여, ~/ 또한, ~/ 더불어, ~/ 게다가, ~

Intensive Training

In addition, I could socialize with people.

덧붙여, 저는 사람들과 대인관계를 할 수도 있었습니다.

>> Keep in Mind!

어휘 socialize with people 사람들과 대인관계 하다

Pattern 167

Finally, ~/ Lastly, ~

p167.mp3 마지막으로, ~/ 최종적으로, ~

Intensive Training

Finally, I downloaded all the files for free.

마지막으로, 저는 무료로 모든 파일을 내려받았습니다.

>> Keep in Mind!

어휘   download 내려받다   for free 무료로

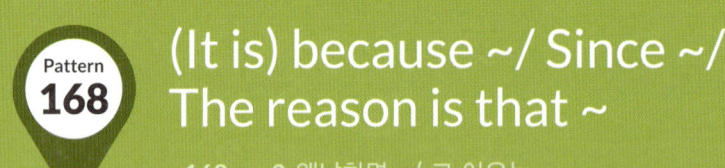

Pattern 168

(It is) because ~/ Since ~/ The reason is that ~

p168.mp3 왜냐하면 ~/ 그 이유는 ~

Intensive Training

The reason is that I don't have enough money.

그 이유는 제가 여윳돈이 없기 때문입니다.

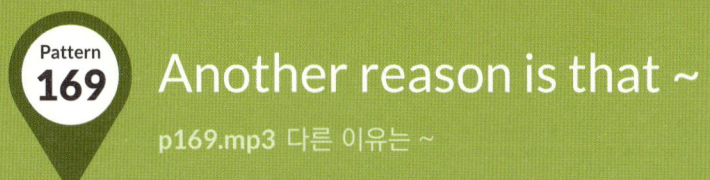

Pattern 169 — Another reason is that ~

p169.mp3 다른 이유는 ~

Intensive Training

Another reason is that I don't want to waste time.

다른 이유는 시간을 낭비하고 싶지 않기 때문입니다.

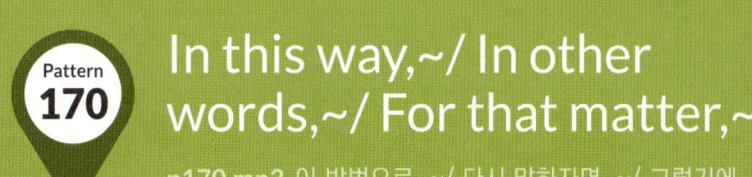

Pattern 170 — In this way,~/ In other words,~/ For that matter,~

p170.mp3 이 방법으로, ~ / 다시 말하자면, ~ / 그렇기에, ~

Intensive Training

In this way, I can purchase using online shopping malls today.

이 방법으로, 요즘 저는 온라인 쇼핑몰을 이용하여 구매할 수 있습니다.

>> Keep in Mind!

어휘 online shopping malls 온라인 쇼핑몰   today 요즘, 오늘날

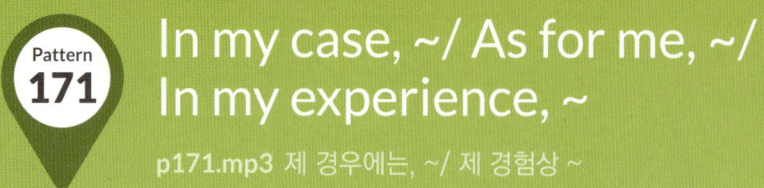

In my case, ~/ As for me, ~/ In my experience, ~

p171.mp3 제 경우에는, ~/ 제 경험상 ~

Intensive Training

In my case, I would rather work for a large company.

제 경우에는, 차라리 큰 회사에서 일하고 싶습니다.

>> Keep in Mind!

어휘   I would rather [동사]
work for [회사] : [회사]를 위해 일하다

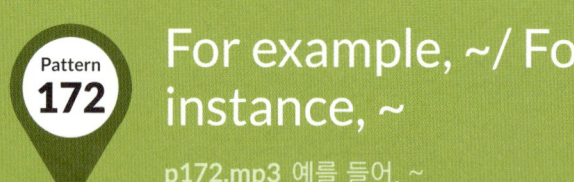

For example, ~/ For instance, ~

p172.mp3 예를 들어, ~

Intensive Training

For example, I traveled abroad two months ago.

예를 들어, 저는 2달 전에 해외여행을 했습니다.

Pattern
173

Nevertheless, ~

p173.mp3 그럼에도 불구하고, ~

Intensive Training

The result was expected but it is absolutely disappointing **nevertheless**.

결과를 예상은 했지만 그럼에도 불구하고 확실히 실망스럽습니다.

>> Keep in Mind!

어휘 certainly/ definitely/ absolutely 확실히, 명확히
disappointing 실망스러운

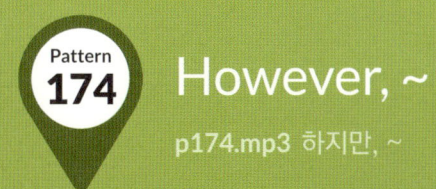

Pattern
174

However, ~

p174.mp3 하지만, ~

Intensive Training

However, I didn't enjoy it.

하지만 저는 즐기지 못했습니다.

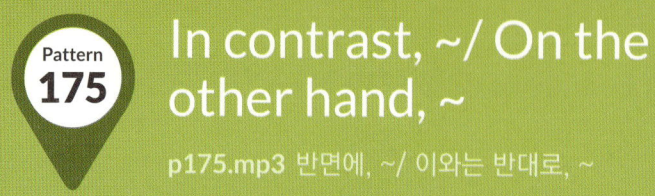

Pattern 175

In contrast, ~/ On the other hand, ~

p175.mp3 반면에, ~/ 이와는 반대로, ~

Intensive Training

In contrast, I could spend a lot of time going to the department store.

반면에, 백화점까지 가려면 너무 많은 시간을 써야 합니다.

>> Keep in Mind!

어휘   go to the department store   백화점에 가다

구문 종류
조건

Pattern 176

When/ While [주어+동사] ~
When/ While [동사ing] ~

p176.mp3 [주어+동사]를 할 때/ 하면서 ~
[주어+동사] 할 때/ 하면서~

Intensive Training

When I have free time, I tend to meet with my friends.

여가 시간이 있을 때 친구들을 만납니다.

While having a great time with my family, I can get rid of stress.

가족과 좋은 시간을 보내면서, 저는 스트레스가 풀립니다.

>> Keep in Mind!

:: When/ While 뒤에 [주어+동사]를 써야 할 지, [동사ing]를 써야 할 지 빠르게 결정해서 실수 없이 쓸 것

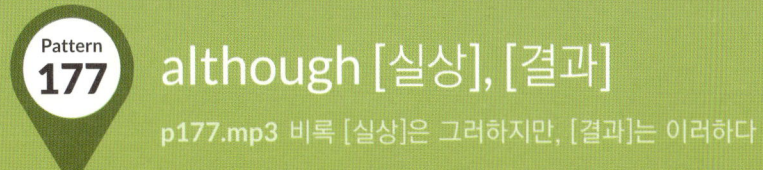

구문 종류
조건

Pattern
177

although [실상], [결과]

p177.mp3 비록 [실상]은 그러하지만, [결과]는 이러하다

Intensive Training

I can finish them fast **although** I have tons of things to do.

비록 할 일이 엄청나게 많지만 빠르게 끝낼 수 있습니다.

>> Keep in Mind!

:: although에 붙은 문장이 사전 전제 → 그 앞이나 뒤에 붙은 문장이 결과

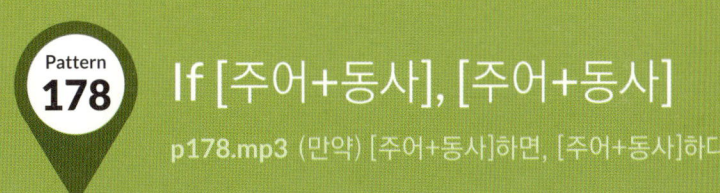

구문 종류
조건

Pattern
178

If [주어+동사], [주어+동사]

p178.mp3 (만약) [주어+동사]하면, [주어+동사]하다

Intensive Training

If I have more money, I will go traveling.

돈이 더 있다면 여행을 갈 것입니다.

>> Keep in Mind!

:: If 절 현재 → 주절 미래

Pattern 179

So, ~/ As a result, ~/ For these reasons, ~/ That's why ~/ Hence ~/ Thus, ~/ Consequently/ Accordingly

p179.mp3 그 결과, ~/ 그래서

Intensive Training

So, working with others is much better.

그래서, 다른 사람들과 일하는 것이 더 좋습니다.

>> Keep in Mind!

:: Thus 과거에 머물러 있는 결과 → [과거 전개] and thus [과거 결과]
   Hence 시간에 따른 결과 → [과거 전개] and hence [미래 추측]

어휘 Therefore (=So, As a result, Consequently) 그래서

구문 종류
시간을 버는 필러

Pattern 180

Um, well... I think~/ Hmm, I believe that ~

p180.mp3 음, 그게... 제 생각에는~/ 흠, 제 생각에는 ~

Intensive Training

Um, well... let me think.

음, 그게... 잠시만요.

>> Keep in Mind!

:: 급하게 아이디어가 떠오르지 않을 때 시간을 벌기 위해 필러를 사용해도 된다

mini test
PART 6

Express an Opinion

말하고 싶은 주제를 빠르게 선택 후 머릿속으로 답변을 정리하세요.

Self Check  ① ② ③ ④ ⑤ ⑥ ⑦ ⑨ ⑩

 minitest_Q11.mp3

Q11

Which of the following factor do you think will change the most in ten years?

· Education
· Fashion
· Communications

10년 후 가장 바뀌게 될 것은 무엇이라고 생각하십니까?

· 교육
· 패션
· 정보 통신

PREPARATION TIME	RESPONSE TIME
00:00:15	00:01:00

mini test
ANSWER 678

In my opinion, communications will change the most in ten years. In the past, we used to chat with others face to face. From my experience, I had to meet my friends first and then communicate with one another when I was a little kid. However, thanks to the internet, I usually chat with my friends on the phone or on the internet anytime, anywhere today. It is more convenient to communicate with people without spending a lot of time. Also, I can save money communicating with my loved ones since I use SNS such as twitter to interact with others for free as long as I have internet access. For these reasons, communications will definitely change the most in ten years.

제 생각에는, 정보 통신이 10년 후 가장 바뀔 것으로 생각합니다. 예전에는, 친구들을 직접 만나서 수다를 떨곤 했었습니다. 제 경험을 비추어 보면, 아이였을 때는 친구들을 우선 만나야 수다를 떨 수 있었습니다. 그러나 인터넷에 고맙게도, 저는 요즘 전화기나 인터넷을 이용해 언제 어디서나 친구들과 수다를 떱니다. 그것은 많은 시간을 낭비하지 않고도 편하게 사람들과 소통하게 해줍니다. 또한, 스마트폰을 사용하면 사람들을 만나지 않고도 같은 시간에 함께 편하고 쉽게 소통할 수 있습니다. 게다가, 트위터나 페이스북과 같은 SNS를 인터넷만 되면 무료로 사용할 수 있기 때문에, 사람들과 소통 시 돈을 아낄 수 있습니다. 이런 이유로, 정보 통신이 당연히 10년 후 가장 많이 바뀔 것입니다.

 minitest_a11_lv7.mp3

In my opinion, communications will change the most in ten years. About 20 years ago, I used to chat with my friends face to face. Talking in person was the only way to communicate with one another in the past. However, thanks to the internet, I can chat with my friends on the phone or on the internet anytime anywhere today. It is more convenient to communicate with people at the same time without meeting them by using my smartphone. It allows me to save effort not to make tons of appointments since it is easy to use SNS such as Twitter or Facebook, for free as long as I have internet access. For these reasons, communications will definitely change the most in ten years.

제 생각에는, 정보 통신이 10년 후 가장 바뀔 것으로 생각합니다. 한 20년 전에는, 제가 무엇인가 할 말이 있을 때는 친구들을 얼굴을 마주 보며 수다를 떨곤 했었습니다. 과거에는 직접 만나서 이야기하는 것이 유일한 소통 방법이었습니다. 하지만 인터넷에 고맙게도, 저는 요즘 전화기나 인터넷을 이용해 언제 어디서나 친구들과 수다를 떠는 편입니다. 스마트폰을 사용하면 사람들을 만나지 않고도 같은 시간에 함께 편하고 쉽게 소통할 수 있습니다. 트위터나 페이스북과 같은 SNS를 이용할 수 있기 때문에 엄청나게 많은 약속을 만들지 않을 수 있게 수고를 덜어줍니다. 이런 이유로, 정보 통신이 당연히 10년 후 가장 많이 바뀔 것입니다.

 **Level 8**

 minitest_a11_lv8.mp3

In my opinion, communications will change the most in ten years. About twenty years ago, I used to chat with my friends face to face when I needed to talk about things. Talking in person was the only way to communicate with one another in the past. However, thanks to the internet, I tend to chat with my friends on the phone or on the internet anytime anywhere nowadays. Surprisingly, video telecommunications even allow me to see people's facial expressions while talking on the phone today. It is more convenient and easy to talk with people at the same time without meeting them by smartphone. In this way, I save time and effort not having to make tons of appointments. Plus, I don't have to spend money communicating with others since I can use SNS such as Twitter or Facebook for free as long as I have internet access. For these reasons, communications will definitely change the most in ten years.

제 생각에는, 정보 통신이 10년 후 가장 바뀔 것으로 생각합니다. 한 20년 전에는, 제가 무엇인가 할 말이 있을 때는 친구들을 직접 만나서 수다를 떨곤 했었습니다. 과거에는 직접 만나서 이야기하는 것이 유일한 소통 방법이었습니다. 하지만 인터넷에 고맙게도, 저는 요즘 전화기나 인터넷을 이용해 언제 어디서나 친구들과 수다를 떠는 편입니다. 놀랍게도, 오늘날 화상 전화는 통화하면서 친구들의 표정까지도 볼 수 있게 해줍니다. 스마트폰을 사용하면 사람들을 만나지 않고도 같은 시간에 함께 편하고 쉽게 소통할 수 있습니다. 게다가, 트위터나 페이스북과 같은 SNS를 이용할 수 있기 때문에 사람들과 소통 시 돈을 쓰지 않아도 됩니다. 이런 이유로, 정보 통신이 당연히 10년 후 가장 많이 바뀔 것입니다.

TOEIC SPEAKING EXPRESS 678
Actual TEST

√ **TOEIC Speaking Actual TEST 01**
√ **TOEIC Speaking Actual TEST 02**
√ **Sample Answer 01**
√ **Sample Answer 02**

가장 최신 기출을 응용한 실전 문제로
수험자의 레벨에 따른 답변을 구성하였습니다.

샘플 답안의 Level 6, 7은 **실제 수험자의 음성**이며,
Level 8은 **원어민 음성**으로
학습자 본인의 현 위치를 가늠할 수 있습니다.

√ Actual TEST 01

Speaking Test Directions

This is the TOEIC Speaking Test. This test includes eleven questions that measure different aspects of your speaking ability. The test lasts approximately 20 minutes.

Question	Task	Evaluation Criteria
1-2	Read a text aloud	• pronunciation • intonation and stress
3	Describe a picture	all of the above, plus • grammar • vocabulary • cohesion
4-6	Respond to questions	all of the above, plus • relevance of content • completeness of content
7-9	Respond to questions all of the above	all of the above
10	Propose a solution	all of the above
11	Express an opinion	all of the above

For each type of question, you will be given specific directions, including the time allowed for preparation and speaking.

It is to your advantage to say as much as you can in the time allowed. It is also important that you speak clearly and that you answer each question according to the directions.

Click on **Continue** to go on.

Questions 1-2: Read a text aloud

Directions: In this part of the test, you will read aloud the text on the screen. You will have 45 seconds to prepare. Then you will have 45 seconds to read the text aloud.

Thank you for joining us today for a tour of Historic Town of Bright Stone. The town was founded with William Stone, a local business owner. As we travel, I will point out many old castles and brick houses built thousand years ago. We will also see the original city council, fish market, hospitals and schools.

PREPARATION TIME	RESPONSE TIME
00:00:45	00:00:45

We are currently closed. Our opening hours are from 9 a.m. to 7 p.m. everyday except on national holidays. If you have an urgent inquiry about our services, please leave your name, number, and a short message after the beep. One of our customer representatives will get back to you promptly in the morning. Thank you.

PREPARATION TIME	RESPONSE TIME
00:00:45	00:00:45

Question 3: Describe a picture

Directions: In this part of the test, you will describe the picture on your screen in as much detail as you can. You will have 30 seconds to prepare your response. Then you will have 45 seconds to speak about the picture.

PREPARATION TIME	RESPONSE TIME
00:00:30	00:00:45

Questions 4-6: Respond to questions

Directions: In this part of the test, you will answer three questions. For each question, begin responding immediately after you hear a beep. No preparation time is provided. You will have 15 seconds to respond to Questions 4 and 5, and 30 seconds to respond to Question 6.

Imagine that a Canadian marketing firm is doing research in your country. You have agreed to participate in a telephone interview about electronic item.

Imagine that a Canadian marketing firm is doing research in your country. You have agreed to participate in a telephone interview about electronic item.

What is the most convenient concert hall or theater near your place and how often do you visit it?

RESPONSE TIME

00:00:15

Imagine that a Canadian marketing firm is doing research in your country. You have agreed to participate in a telephone interview about electronic item.

Do you sometimes go to another concert hall or theater to enjoy different kinds of entertainment events? Why or why not?

RESPONSE TIME

00:00:15

Imagine that a Canadian marketing firm is doing research in your country. You have agreed to participate in a telephone interview about electronic item.

When do you prefer to enjoy entertainment events?
- morning
- evening

RESPONSE TIME

00:00:30

Questions 7-9: Respond to questions using information provided

Directions: In this part of the test, you will answer three questions based on the information provided. You will have 30 seconds to read the information before the questions begin. For each question, begin responding immediately after you hear a beep. No additional preparation time is provided. You will have 15 seconds to respond to Questions 7 and 8, and 30 seconds to respond to Question 9.

Private Mangrove Adventure

10:00	pick-up at your hotel
10:30	depart - Blanca Pier (boat)
11:00	flamingo Observation - Sunta Arenas
11:40	lunch – Michael's Grill
13:30	navigation - Macon Bravo Island
16:00	visit Iglesias Swamps & Mangrove Channels (probably see crocodiles)
18:30	arrive - Blanca Pier

* Includes
  - hotel pick-up & drop-off
  - entrance fees, snacks & drinks

* Price per group
  1~2 pers $690   Over 5 pers $890
  3~4 pers $790

PREPARATION TIME
00:00:30

Q.7

RESPONSE TIME
00:00:15

Q.8

RESPONSE TIME
00:00:15

Q.9

RESPONSE TIME
00:00:30

Question 10: Propose a solution

Directions: In this part of the test, you will be presented with a problem and asked to propose a solution. You will have 30 seconds to prepare. Then you will have 60 seconds to speak.

In your response, be sure to
• show that you recognize the problem, and
• propose a way of dealing with the problem.

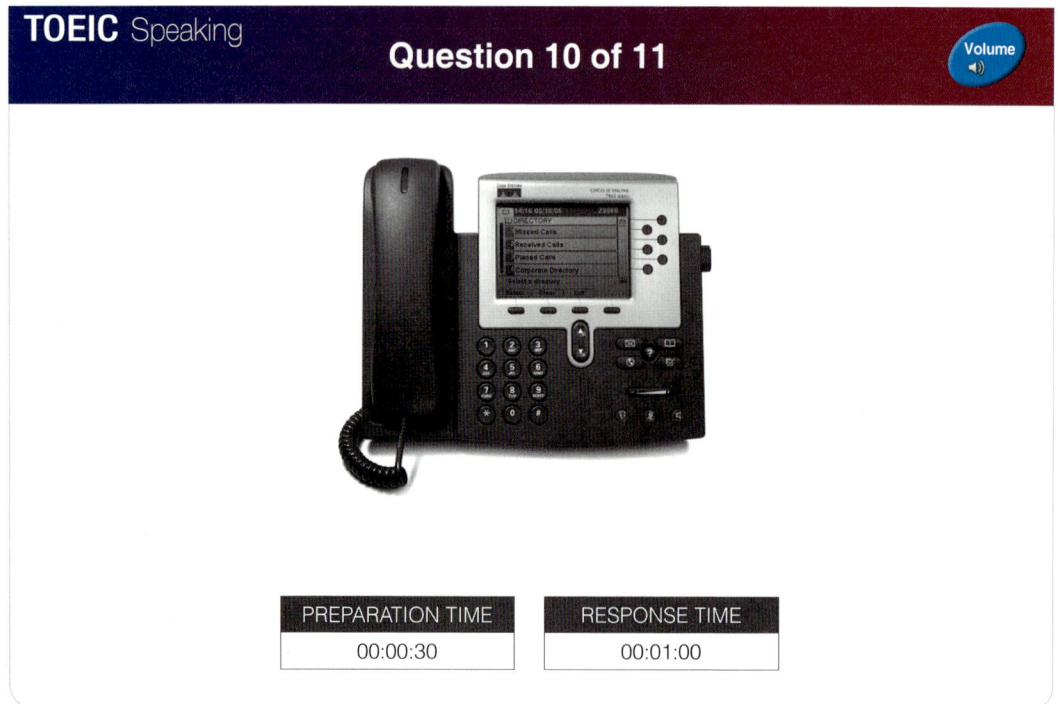

PREPARATION TIME	RESPONSE TIME
00:00:30	00:01:00

Question 11: Express an opinion

Directions: In this part of the test, you will give your opinion about a specific topic. Be sure to say as much as you can in the time allowed. You will have 15 seconds to prepare. Then you will have 60 seconds to speak.

Do you agree or disagree with the following statement?

"Today, students get more advice from their parents than their teachers."

Give specific reasons or detailed information to support your opinion.

PREPARATION TIME	RESPONSE TIME
00:00:15	00:01:00

√ Actual TEST 02

Speaking Test Directions

This is the TOEIC Speaking Test. This test includes eleven questions that measure different aspects of your speaking ability. The test lasts approximately 20 minutes.

Question	Task	Evaluation Criteria
1-2	Read a text aloud	• pronunciation • intonation and stress
3	Describe a picture	all of the above, plus • grammar • vocabulary • cohesion
4-6	Respond to questions	all of the above, plus • relevance of content • completeness of content
7-9	Respond to questions all of the above	all of the above
10	Propose a solution	all of the above
11	Express an opinion	all of the above

For each type of question, you will be given specific directions, including the time allowed for preparation and speaking.

It is to your advantage to say as much as you can in the time allowed. It is also important that you speak clearly and that you answer each question according to the directions.

Click on **Continue** to go on.

Questions 1-2: Read a text aloud

Directions: In this part of the test, you will read aloud the text on the screen. You will have 45 seconds to prepare. Then you will have 45 seconds to read the text aloud.

As many of you know, Jonathan Rodriguez will be retiring from his position at the end of this month. In his place, our friend and colleague, Karl Torres will be taking over as the new company president. Mr. Torres's dedication, hard work and creativity will help ensure the company's continued success.

PREPARATION TIME	RESPONSE TIME
00:00:45	00:00:45

I am sure with the storm activity predicted for today, our listeners are eager to hear this weather update. The good news is that no serious weather will reach the area until after the evening commute. After seven p.m., however, we can expect strong winds, periods of heavy rain dropping temperatures. Fortunately, we will have clear skies by the morning.

PREPARATION TIME	RESPONSE TIME
00:00:45	00:00:45

Question 3: Describe a picture

Directions: In this part of the test, you will describe the picture on your screen in as much detail as you can. You will have 30 seconds to prepare your response. Then you will have 45 seconds to speak about the picture.

PREPARATION TIME	RESPONSE TIME
00:00:30	00:00:45

Questions 4-6: Respond to questions

Directions: In this part of the test, you will answer three questions. For each question, begin responding immediately after you hear a beep. No preparation time is provided. You will have 15 seconds to respond to Questions 4 and 5, and 30 seconds to respond to Question 6.

Imagine that a German marketing firm is doing research about your leisure time. You have agreed to participate in a telephone interview about books.

Imagine that a German marketing firm is doing research about your leisure time. You have agreed to participate in a telephone interview about books.

What kinds of books do you enjoy reading the most?

RESPONSE TIME
00:00:15

Imagine that a German marketing firm is doing research about your leisure time. You have agreed to participate in a telephone interview about books.

What are some advantages of reading books?

RESPONSE TIME
00:00:15

Imagine that a German marketing firm is doing research about your leisure time. You have agreed to participate in a telephone interview about books.

How has your habit of reading been changed?

RESPONSE TIME
00:00:30

Questions 7-9: Respond to questions using information provided

Directions: In this part of the test, you will answer three questions based on the information provided. You will have 30 seconds to read the information before the questions begin. For each question, begin responding immediately after you hear a beep. No additional preparation time is provided. You will have 15 seconds to respond to Questions 7 and 8, and 30 seconds to respond to Question 9.

Art & Photography – Photography Association

Annual Seminar	July 28	Ridgewood Hotel, Salt Lake City
9:00 ~ 10:00	landscape photography: using natural light (Molly Johnson)	
10:00 ~11:00	still-life pictures: ensuring lighting effects and perspectives	
11:00 ~ noon	product presentation: after effects (Sam Karmic)	
noon ~ 1:30	lunch	
1:30 ~ 2:30	nature photography: breathtaking locations (Molly Johnson)	
2:30 ~ 4:00	fashion photography (Ben Kirk)	
4:00 ~ 4:30	individual session	

PREPARATION TIME

00:00:30

Q.7

RESPONSE TIME

00:00:15

Q.8

RESPONSE TIME

00:00:15

Q.9

RESPONSE TIME

00:00:30

Question 10: Propose a solution

Directions: In this part of the test, you will be presented with a problem and asked to propose a solution. You will have 30 seconds to prepare. Then you will have 60 seconds to speak.

In your response, be sure to
• show that you recognize the problem, and
• propose a way of dealing with the problem.

PREPARATION TIME	RESPONSE TIME
00:00:30	00:01:00

Question 11: Express an opinion

Directions: In this part of the test, you will give your opinion about a specific topic. Be sure to say as much as you can in the time allowed. You will have 15 seconds to prepare. Then you will have 60 seconds to speak.

In your opinion, which of the following is the most important factor to consider when making a decision whether to accept a job offer?

Choose one of the options provided below and give specific reasons or examples to support your opinion.

- the reputation
- the work schedule
- the location

PREPARATION TIME	RESPONSE TIME
00:00:15	00:01:00

Sample Answer 01

Q1

Thank you for joining us today for a tour of the historic town of Bright Stone. The town was founded by William Stone, a local business owner. As we travel, I will point out many old castles and brick houses built a thousand years ago. We will also see the original city council building, fish market, hospitals and schools.

브라이트 스톤의 고대 도시 투어에 참여하신 여러분께 감사드립니다. 이 도시는 사업가인 윌리엄 스톤에 의해 건립되었습니다. 여행하면서, 수천 년 전에 지어진 고성들과 벽돌집들을 보게 되실 것입니다. 또한, 시의회, 어시장, 병원과 학교 등을 함께 보실 예정입니다.

Level 6
answer01_Q01_lv6.mp3

Level 7
answer01_Q01_lv7.mp3

Level 8
answer01_Q01_lv8.mp3

Q2

We are currently closed. Our opening hours are from 9 a.m. to 7 p.m. every day except on national holidays. If you have an urgent inquiry about our services, please leave your name, number, and a short message after the beep. One of our customer representatives will get back to you promptly in the morning. Thank you.

지금은 영업시간이 아닙니다. 저희의 영업시간은 공휴일을 제외한 매일 오전 9시부터 7시까지입니다. 서비스와 관련된 긴급한 문의가 있으시면, 이름, 전화번호와 짧은 메시지를 남겨주세요. 다음날 오전에 담당자가 바로 연락 드리도록 하겠습니다. 감사합니다.

Level 6
answer01_Q02_lv6.mp3

Level 7
answer01_Q02_lv7.mp3

Level 8
answer01_Q02_lv8.mp3

Q3

Level 6
answer01_Q03_lv6.mp3

This is a picture of a library. In the foreground, a woman is writing something on a book. Next to her, a woman is wearing a blue shirt and working on a computer on the right. A man in the back is standing and reaching for a book, and next to him a woman in the back is reading a blue book. I can see a lot of books in the back. Overall, people look quiet.

이 사진은 도서관의 사진입니다. 앞쪽에, 한 여자가 책에 무엇인가를 적고 있습니다. 그녀의 옆, 그림의 오른쪽에, 한 여자가 파란 셔츠를 입고 컴퓨터로 일하고 있습니다. 뒤에 있는 한 남자는 서서 책으로 손을 뻗고 있고, 그의 옆, 그림의 뒤쪽에 한 여자가 파란색 책을 읽고 있습니다. 뒤편으로는 많은 책을 볼 수 있습니다. 전반적으로, 사람들은 조용해 보입니다.

This is a picture of a library. A woman wearing a striped shirt in the foreground is sitting at the table and taking a note in the notebook. Next to her, a woman wearing a blue short sleeved shirt is working on a laptop computer on the right. A man in the back is standing and reaching for a book, and next to him a woman with dark hair in the back is reading a blue book. A lot of books are located on the bookshelves in the back. Overall, people look quiet.

이 사진은 도서관의 사진입니다. 줄무늬 옷을 입은 앞쪽에 위치한 한 여자가 앉아서 노트에 메모를 적고 있습니다. 그녀의 옆, 그림의 오른쪽에 위치한 파란 셔츠를 입은 한 여자가 컴퓨터로 일하고 있습니다. 뒤에 있는 한 남자는 서서 책으로 손을 뻗고 있고, 그의 옆, 그림의 뒤쪽에 검은 머리의 한 여자가 파란색 책을 읽고 있습니다. 뒤편으로는 많은 책이 책장에 자리 잡고 있습니다. 전반적으로, 사람들은 조용해 보입니다.

Level 8
answer01_Q03_lv8.mp3

This is a picture of a library. A woman wearing a striped shirt in the foreground is sitting at the table and taking a note in the notebook while smiling. In front of her, there are some books, a notepad and etc. on the table. Next to her, a woman on the right wearing a blue short sleeved shirt with a pony tail is working on a laptop computer seriously. A tall man in a light blue shirt in the back is standing in front of the bookshelves and reaching for a file folder. Next to him, a woman with dark hair is leaning against the bookshelves and reading a blue book. A lot of books are arranged on the bookshelves in rows in the back. Overall, people look quiet.

이 사진은 도서관의 사진입니다. 줄무늬 옷을 입은 앞쪽에 위치한 한 여자가 테이블에 앉아서 웃으면서 노트에 메모를 적고 있습니다. 그녀의 앞에는, 몇 개의 책들, 노트들과 그 외 여러 가지가 테이블 위에 있습니다. 그녀의 옆, 그림의 오른쪽에 위치한 파란 셔츠에 머리를 묶은 한 여자가 노트북 컴퓨터로 심각한 표정을 지으며 일하고 있습니다. 연한 파란색 셔츠를 입은 키 큰 남자는 그림의 뒤쪽에 서서 폴더로 손을 뻗고 있고, 그의 옆, 그림의 뒤쪽에 검은 머리의 한 여자가 책장에 기대어 파란색 책을 읽고 있습니다. 뒤편으로는 많은 책이 열 맞추어 책장에 나열되어 있습니다. 전반적으로, 사람들은 조용해 보입니다.

Q4 ~6

Imagine that a tourism bureau is doing research in your area. You have agreed to participate in a telephone interview about concert halls or theaters in your area.

한 여행사가 당신의 나라에서 설문 조사를 한다고 가정해 보세요. 당신은 콘서트 홀이나 극장에 관한 전화 인터뷰에 응하기로 동의했습니다.

Q4. What is the most convenient concert hall or theater near your place and how often do you visit it?

당신의 집 주변에 가장 편하게 가는 콘서트 홀이나 극장의 어디이며 얼마나 자주 가십니까?

Level 6
answer01_Q04_lv6.mp3

The most convenient concert hall is the Seoul National Art Center. I visit it more than five times a year because I am interested in a variety of K-pop shows these days.

가장 편하게 가는 콘서트 홀은 국립 서울 아트 센터입니다. 일 년에 5회 이상 방문하는데 요즘 다양한 종류의 K-pop 쇼에 많은 흥미가 있기 때문입니다.

Level 7
answer01_Q04_lv7.mp3

The most convenient concert hall is the Seoul National Art Center. I visit it more than five times a year with my friends in order to enjoy dynamic K-pop shows these days. Having a great time with them makes me feel happier.

가장 편하게 가는 콘서트 홀은 국립 서울 아트 센터입니다. 친구나 가족과 함께 역동적인 K-pop 쇼를 즐기기 위해 일 년에 5회 이상 방문합니다. 친구나 가족들과 함께 좋은 시간을 보내는 것은 저를 더욱 행복하게 만들어 줍니다.

Level 8
answer01_Q04_lv8.mp3

The most convenient theater is the Seoul National Art Center near my place. I visit it more than five times a year with my close friends in order to enjoy dynamic K-pop shows these days. Having a great time with them makes me feel happier.

가장 편하게 가는 콘서트 홀은 우리 집 근처에 위치한 국립 서울 아트 센터입니다. 요즘은 친한 친구들과 함께 역동적인 K-pop 쇼를 즐기기 위해 일 년에 5회 이상 방문합니다. 친구나 가족들과 좋은 시간을 보내는 것은 저를 더욱 행복하게 만들어 줍니다.

Q5. Do you sometimes go to another concert hall or theater to enjoy different kinds of entertainment events? Why or why not?

당신은 다양한 쇼를 즐기기 위해 가끔 다른 콘서트 홀이나 극장에 가십니까? 왜 혹은 왜 그렇지 않습니까?

Level 6
answer01_Q05_lv6.mp3

Yes, I sometimes go to another concert hall called the Charlotte Theater in order to enjoy different kinds of entertainment events. I always feel refreshed after enjoying them.

네, 저는 가끔 샬롯데 극장이라 불리는 다른 콘서트 홀로 다른 종류의 쇼를 즐기러 갑니다. 그런 쇼들을 즐긴 후엔 늘 기분이 상쾌해집니다.

Level 7
answer01_Q05_lv7.mp3

Yes. Recently, my hobby is enjoying concerts or musicals, but if there is a different kind of entertainment event which would be fun, I would like to go to another concert hall to enjoy it.

네, 요즘은, 제 취미가 콘서트나 뮤지컬을 보는 것이라서 만약 재미있는 다른 쇼가 있다면, 저는 그것을 즐기러 다른 콘서트 홀에 가겠습니다.

Level 8
answer01_Q05_lv8.mp3

Yes. Recently, my hobby is enjoying exciting concerts or musicals, but if there is a different kind of entertainment event which would be fun, of course I would like to go to another concert hall to enjoy it.

네, 요즘은, 제 취미가 재미있는 콘서트나 뮤지컬을 보는 것이라서 만약 재미있는 다른 쇼가 있다면, 저는 당연히 그것을 즐기러 다른 콘서트 홀에 가겠습니다.

Q6. When do you prefer to enjoy entertainment events?
- morning   - evening

당신은 언제 쇼를 보는 것을 더욱 선호합니까?
- 아침   - 저녁

Level 6

answer01_Q06_lv6.mp3

I would prefer to enjoy entertainment events in the evening. This is because I have a full time job on weekdays and usually finish my work after 6 p.m. so the evening time is much better for meeting my friends and enjoying a nice show after work. Also, I can have a drink or chat with them after enjoying evening entertainment events so that it makes me relax thoroughly.

저는 저녁에 쇼를 보는 것을 더욱 선호합니다. 왜냐면 주중에는 일해야 하고 회사가 보통 저녁 6시 이후에 끝나기 때문에, 저녁 시간이 일을 끝내고 친구들을 만나 좋은 쇼를 보기에 더 좋습니다. 또한, 저녁 쇼가 끝나면 술을 한잔 하거나 그들과 수다를 떨 수도 있어서 더 온전히 쉴 수 있게 해 줍니다.

Level 7

answer01_Q06_lv7.mp3

I would prefer to enjoy entertainment events in the evening. This is because I work full time on weekdays, so during the daytime, it is hard for me to enjoy concerts or musicals. Since I usually finish my work after 6 p.m., an evening show would be more appropriate for me to meet my friends or family. Also, I can relieve my fatigue by having a couple of drinks while mingling with them after the show.

저는 저녁에 쇼를 보는 것을 더욱 선호합니다. 왜냐면 주중에는 일해야 해서 주중 시간 동안에는 콘서트나 뮤지컬을 보기 힘듭니다. 회사가 보통 저녁 6시 이후에 끝나기 때문에, 저는 저녁 쇼가 친구나 가족을 만나기에 더 적합합니다. 또한, 저녁 쇼가 끝나면 그들과 어울리면서 술을 한 두어 잔 하면서 피로를 풀 수도 있습니다.

Level 8

answer01_Q06_lv8.mp3

I would prefer to enjoy entertainment events in the evening. This is because I work full time on weekdays, so during the daytime, it is hard for me to enjoy the entertainment events. Since I usually finish my work after 6 p.m., an evening show would be more appropriate for me to go out for fun with my friends or family. Also, I can relieve my fatigue by having a couple of drinks while mingling with them after the show. The great atmosphere of an evening show helps me relax thoroughly.

저는 저녁에 쇼를 보는 것을 더욱 선호합니다. 왜냐면 주중에는 일해야 해서 주중 시간 동안에는 콘서트나 뮤지컬을 보기 힘듭니다. 회사가 보통 저녁 6시 이후에 끝나기 때문에, 저는 저녁 쇼가 친구나 가족을 만나러 나가기에 더 적합합니다. 또한, 저녁 쇼가 끝나면 그들과 어울리면서 술을 한 두어 잔 하면서 피로를 풀 수도 있습니다. 저녁 쇼가 주는 이런 좋은 분위기는 저를 온전히 쉴 수 있게 해 줍니다.

Q7 ~9

맹그로브 모험 개인 투어

오전 10시	호텔 픽업
오전 10시 30분	블랑카 부두 출발 (보트)
오전 11시	플라밍고 관찰 – 썬타 아레나스
오전 11시 40분	점심 – 마이클의 그릴
오후 1시 30분	항해 – 메이콘 브라보 섬
오후 4시	이글레시아스 늪지 방문 & 맹그로브 숲 (악어 목격 가능)
오후 6시 30분	블랑카 부두 도착

포함 사항
 – 호텔 픽업 & 도착 서비스   – 입장료, 간식과 음료

그룹별 가격
 1~2명 그룹 $690   3~4명 그룹 $790   5명 이상 그룹 $890

Narration: Hi, this is Lauren Bell. I am very interested in attending the Private Mangrove Adventure with my family, but I can't find the schedule. Could you answer a few questions for me?

안녕하세요. 저는 로렌 벨입니다. 맹그로브 모험 개인 투어에 가족과 함께 참여하고 싶은데 스케줄을 찾을 수가 없습니다. 몇 가지 질문에 답변을 해주실 수 있을까요?

Q7. What time does it begin and end?

언제 시작해서 언제 끝납니까?

Level 6
answer01_Q07_lv6.mp3

It begins at 10:00 a.m. and ends at 6:30 p.m.

오전 10시에 시작해서 오후 6시 30분에 끝납니다.

Level 7
answer01_Q07_lv7.mp3

It begins at 10:00 a.m. and ends at 6:30 p.m.

오전 10시에 시작해서 오후 6시 30분에 끝납니다.

Level 8
answer01_Q07_lv8.mp3

It begins at 10:00 a.m. and ends at 6:30 p.m.

오전 10시에 시작해서 오후 6시 30분에 끝납니다.

Q8. I have two more family members to join this trip. Will I need to pay $890 in total?

우리 가족 2명이 투어에 더 참여합니다. 총 890달러를 내야 하지요?

Level 6
answer01_Q08_lv6.mp3

No. You can pay 790 dollars.

아니요. 790달러를 내시면 됩니다.

Level 7
answer01_Q08_lv7.mp3

No, you don't need to pay that much. You only need to pay 790 dollars for three people.

아니요. 그만큼 내실 필요 없습니다. 3명에 790달러만 내시면 됩니다.

Level 8
answer01_Q08_lv8.mp3

No, you don't need to pay that much. You only need to pay 790 dollars for three people. Please keep that in mind.

아니요. 그만큼 내실 필요 없습니다. 3명에 790달러만 내시면 됩니다. 참고 부탁 드립니다.

Q9. Would you please give me a brief overview of the afternoon schedule?

오후 시간에 간단한 스케줄을 주시겠습니까?

OK. From 1:30 p.m., you will navigate things on Macon Bravo Island and then visit Iglesias swamps & mangrove channels from 4:00 p.m. You may see crocodiles. After that, you will arrive at Blanca Pier at 6:30 p.m.

그럼요. 오후 1시 30분부터 메이콘 브라보 섬에서 탐사를 한 후, 오후 4시부터는 이글레시아스 늪지와 맹그로브 숲에 갈 예정입니다. 아마도 악어를 보실 수 있을 겁니다. 그 후, 오후 6시 30분에 블랑카 부두로 도착 예정입니다.

OK. From 1:30 p.m., there will be a navigation session on Macon Bravo Island and then you will visit Iglesias swamps & mangrove channels from 4:00 p.m. You may see some crocodiles there. Finally, you will arrive at Blanca Pier at 6:30 p.m.

그럼요. 오후 1시 30분부터 메이콘 브라보 섬에서 탐사가 있을 예정이며, 이후, 오후 4시부터는 이글레시아스 늪지와 맹그로브 숲에 갈 예정입니다. 아마도 그곳에서 악어를 보실 수 있을 겁니다. 마지막으로, 오후 6시 30분에 블랑카 부두로 도착 예정입니다.

OK. From 1:30 p.m., there will be a navigation session on Macon Bravo Island and then you will visit Iglesias swamps & mangrove channels from 4:00 p.m. You will probably see some crocodiles there. Around 6:30 p.m. you will arrive at Blanca Pier.

그럼요. 오후 1시 30분부터 메이콘 브라보 섬에서 탐사 시간이 있을 예정이며, 이후, 오후 4시부터는 이글레시아스 늪과 맹그로브 숲에 갈 예정입니다. 아마도 그곳에서 악어를 보실 수 있을 겁니다. 마지막으로, 오후 6시 30분 즈음에 블랑카 부두로 도착 예정입니다.

Q10

Hello, this is Elaina, the owner of Dales' Fitness Center. Since you are the store manager, I need your help. For three years of our service, we have been providing disposable cups to help our customers drink purified water conveniently right after their workout programs. As the business grows, this is a time for new concern about our environment in the community so I'd like to let our customers use their own cups or tumblers to get water from our water purifiers. Although this might make our customers to feel uncomfortable with the new policy, I don't want to receive any complaints about this eco-friendly policy or our regular services. How can we announce this new policy to our regular and future customers? Call me back as soon as possible with a plan for promoting the regulation of using reusable cups or tumblers for the environment. Again, it's Elaina. Bye.

안녕하세요. 데일즈 피트니스 센터의 대표인 일레이나입니다. 점장님께 도움을 요청합니다. 지난 3년 동안, 운동 직후 정수기로부터 깨끗한 물을 바로 마실 수 있도록 저희는 고객에게 종이컵을 지원하고 있었습니다. 사업이 확대되면서, 우리는 지역 환경에 대한 새로운 관심을 높여야 하는 시점이기 때문에 고객들에게 물을 받을 개인 컵이나 텀블러를 가지고 오게 하려고 합니다. 이 신규 정책에 대해 고객이 불편함을 느낀다 하더라도, 우리의 정상적인 서비스나 친환경적인 정책에 대해서는 불만 접수가 되는 것은 원하지 않습니다. 어떻게 이 신규 정책을 현 고객과 가망 고객에게 알릴 수 있을까요? 환경을 위해 개인 컵이나 텀블러를 사용하게 하는 신규 정책을 홍보하는 방법을 최대한 빨리 전화로 알려주세요. 저는 일레이나입니다. 안녕히 계세요.

Level 6

answer01_Q10_lv6.mp3

Hello, Elaina. This is Paul speaking and I'm returning your call. You said you were worried about promoting the new eco-friendly system to our customers but you don't know how to deal with the problem. So you want me to help you out, right? Why don't we post a special announcement about this issue on our company website first? Our regular and future customers would be aware of the policy and then, they would bring their tumblers. Everything's going to be fine. I have more ideas about it. I will send them by email right away. Please check it out in 15 minutes and let's talk about this issue later. Bye.

안녕하세요 일레이나 씨, 저는 폴이고 답변에 회신 드립니다. 고객을 위한 친환경 시스템을 홍보하는 것이 걱정된다고 하셨는데요. 하지만, 무엇을 해야 하고 어떻게 문제를 풀어야 할지 모르겠다고 제게 도움을 요청하신 것이 맞지요? 우선, 우리 웹사이트에 이 건에 대한 특별 공지를 올려보면 어떨까요? 현 고객과 가망 고객도 이 신규 규정에 대해 인지할 수 있을 것이고, 개인 텀블러를 가지고 오게 될 것입니다. 다 잘될 거예요. 제게 아이디어가 좀 더 있습니다. 지금 이메일로 보내드릴 테니 15분 후 확인하시고, 이 건에 대해 이따 이야기하시지요. 안녕히 계세요.

Level 7

answer01_Q10_lv7.mp3

Hello, Elaina. This is Beth speaking and I'm returning your call. You said you were worried about making our customers use their own cups or tumblers to get water but you don't know how to announce the new policy to them properly. So you want me to help you out, right? Why don't we post a special announcement on the bulletin boards on every floor about customers using their own cups or tumblers? Our regular and future customers would be aware of the policy faster, and then they would bring their cups or tumblers. If not, we may provide gift cups or tumblers for free to our VIPs. They would love them. I have more ideas about this issue. I will send them by email right away. Please check it out in 15 minutes and let's talk about this issue later. Bye.

안녕하세요 일레이나 씨, 저는 베쓰이고 답변에 회신 드립니다. 고객이 개인 컵이나 텀블러를 사용해 물을 먹게 하는 것에 대해 걱정된다고 하셨는데요. 하지만, 컵이나 텀블러의 사용에 대해 어떻게 알려야 할지 모르겠다고 제게 도움을 요청하신 것이 맞지요? 우선, 매장 각 층 게시판에 개인 컵이나 텀블러 사용에 대한 특별 공지를 올려보면 어떨까요? 현 고객과 가망 고객도 이 신규 규정에 대해 빠르게 인지할 수 있을 것이고, 개인 컵이나 텀블러를 가지고 오게 될 것입니다. 아니면, 우리 VIP 고객들에겐 선물로 컵이나 텀블러를 무상 제공할 수도 있어요. 굉장히 좋아할 거예요. 제게 아이디어가 좀 더 있습니다. 지금 이메일로 보내드릴 테니 15분 후 확인하시고, 이 건에 대해 이따 이야기하시지요. 안녕히 계세요.

Level 8

answer01_Q10_lv8.mp3

Hello, Elaina. This is Melisa speaking and I'm returning your call. You said you were worried about making our customers use their own reusable cups or tumblers at the fitness center but you don't know how to promote this eco-friendly policy effectively. So you want me to help you out, right? Why don't we post a special announcement on our fitness center website about our new policy of using reusable cups or tumblers for customers? Also, we should post it on the bulletin boards every floor. Our regular and future customers would be aware of the policy faster, and then they would bring their cups or tumblers. If not, we may provide gift cups or tumblers for free to our VIPs. They would love them, and we would also promote our services better. Well, I have more ideas about it. I will send them by email right away. Please check it out in 15 minutes and let's talk about this issue later. Bye.

안녕하세요 일레이나 씨, 저는 멜리사이고 답변에 회신 드립니다. 우리 피트니스 센터에서 고객이 개인 컵이나 텀블러를 사용하게 하는 것에 대해 걱정된다고 하셨는데요. 허나, 이 신규 규정을 어떻게 효율적으로 홍보해야 할지 모르겠다고 제게 도움을 요청하신 것이 맞지요? 우선, 개인 컵이나 텀블러 사용을 하자는 신규 규정에 대한 특별 공지를 우리 피트니스 센터 웹사이트에 올려보면 어떨까요? 또한, 매장 각 층 게시판에도 이 내용도 붙이고요. 현 고객과 가망 고객도 이 신규 규정에 대해 빠르게 인지할 수 있을 것이고, 개인 컵이나 텀블러를 가지고 오게 될 것입니다. 아니면, 우리 VIP 고객들에겐 선물로 컵이나 텀블러를 무상 제공할 수도 있어요. 굉장히 좋아할 것이고 우리의 서비스도 더욱 잘 홍보할 수 있을 거예요. 음, 제게 아이디어가 좀 더 있습니다. 지금 이메일로 보내드릴 테니 15분 후 확인하시고, 이건에 대해 이따 이야기하시지요. 안녕히 계세요.

Q11

Do you agree or disagree with the following statement?
"Today, students get more advice from their parents than their teachers."
Give specific reasons or detailed information to support your opinion.

아래에 동의하십니까 동의하지 않으십니까?
"오늘날, 학생들은 선생님들 보다 그들의 부모님들에게서 더 많은 조언을 얻는다."
당신의 생각을 뒷받침 하기 위해 구체적인 이유 또는 자세한 정보를 제시하세요.

Level 6
answer01_Q11_lv6.mp3

Yes, I agree that today, students get more advice from their parents than teachers. This is because students can ask their parents for any kind of advice anytime and get helped with full responses right away. I am a senior student at university and have a lot of worries of finding a full time job after graduating from the school. For example, the other day I asked my parents for a piece of advice about some problems, and they gave me a clear solution after a long conversation. It helped me a lot to motivate myself finding a better way to set and execute a goal for my career. Generally, parents know their kids the best, so I definitely agree that parents are the best advisors for students.

네, 저는 학생들은 선생님들 보다 그들의 부모님들에게서 더 많은 조언을 얻는다는 것에 동의합니다. 왜냐면 학생들은 언제나 부모님들에게 어떤 조언이든 얻을 수 있고 바로 충분한 답변을 얻어 도움을 받을 수 있습니다. 저는 대학교 4학년 이기 때문에 학교를 졸업하고 정규직을 찾는 것에 대한 많은 걱정을 하고 있습니다. 예를 들면, 저번에, 어떤 문제에 대해 부모님께 조언을 구했는데, 긴 대화 끝에 분명한 해결책을 주셨습니다. 그것은 제 커리어에 대해 목표를 잡고 실행하는데 더 좋은 방향을 찾을 수 있게 동기 부여를 해주었습니다. 기본적으로, 부모님은 자식을 제일 잘 압니다. 그러므로 저는 부모님이 학생에겐 최고의 조언자라는 것에 확실히 동의합니다.

Level 7

answer01_Q11_lv7.mp3

No, I disagree that today, students get more advice from their parents than teachers. Technically, teachers know their students' proficiency in study and level of knowledge the best. Since I am a senior student at university and have a lot of worries about finding a full time job after graduating from the school and building a career in the field related to my major. For these reasons, I tend to ask teachers at school for advice whenever I need. It is always effective to get clear solutions for setting and executing a goal for my career. Since both of my parents are busy working and they are not experts in my major or career, I would rather ask for help and advice from the teachers who know my concerns the best.

아니요, 저는 학생들은 선생님들 보다 그들의 부모님들에게서 더 많은 조언을 얻는다는 것에 동의하지 않습니다. 엄밀히 따지면, 선생님들이 학생의 학업 능력과 지식의 정도를 가장 잘 알고 있습니다. 저는 대학교 4학년 이기 때문에 학교를 졸업하고 정규직을 찾는 것과 전공 관련 커리어를 쌓는 것에 대해 많은 걱정을 하고 있습니다. 예를 들면, 저는 학교에서 필요할 때마다 선생님께 조언을 구하는 편입니다. 그것은 제 커리어에 대해 목표를 잡고 실행하는데 분명한 해결책을 주기 때문에 항상 효과적입니다. 부모님은 일하시느라 바쁘시고 제 전공과 커리어에 대해서는 전문가가 아니기 때문에, 저는 차라리 제 고민에 대해 가장 잘 알고 있는 선생님에게 더 많은 조언을 얻겠습니다.

Level 8

answer01_Q11_lv8.mp3

No, I disagree that students today get more advice from their parents than teachers. Technically, teachers know their students' proficiency in study and level of knowledge the best, so when it comes to solving problems at school, teachers know the best what students need. From my experience, when I was looking for my job after graduation, my teachers helped me a lot finding the right job. It was efficient and reasonable to collect practical and adequate information about the job related to my major from several academic advisors - the experts. After a helpful conversation with them, I could prepare for my interview effectively and got the current job fast. On the other hand, both of my parents are busy working and they are not experts in my major or career, so I would rather ask for help and advice from the teachers who know my concerns the best.

아니요, 저는 학생들은 선생님들 보다 그들의 부모님들에게서 더 많은 조언을 얻는다는 것에 동의하지 않습니다. 엄밀히 따지면, 선생님들이 학생의 학업 능력과 지식의 정도를 가장 잘 알고 있기 때문에, 학교에서 문제가 생겼을 때, 학생의 필요한 것을 가장 잘 아는 사람은 선생님입니다. 제 경험상, 졸업 후 직장을 찾고 있을 때, 선생님은 제가 옳은 직업을 찾을 수 있게 많이 도와주셨습니다. 전문가인 지도 교수님들로부터 제 전공과 관련된 직업에 대한 실용적이고 적합한 정보를 찾는 것은 효율적이고 적절했습니다. 도움이 되는 대화를 통해, 인터뷰를 효과적으로 준비할 수 있었고, 지금의 직장을 빨리 잡을 수 있었습니다. 반대로, 부모님은 일하시느라 바쁘시고 제 전공과 커리어에 대해서는 전문가가 아니기 때문에, 저는 차라리 제 고민에 대해 가장 잘 알고 있는 선생님에게 더 많은 조언을 얻겠습니다.

Sample Answer 02

Q1

As many of you know Jonathan Rodriguez will be retiring from his position at the end of this month. In his place, our friend and colleague, Karl Torres will be taking over as the new company president. Mr. Torres's dedication, hard work and creativity will help ensure the company's continued success.

모두 아시는 바와 같이, 조나단 로드리게즈는 이번 달 말에 퇴직을 앞두고 있습니다. 그 위치에, 우리의 친구이자 동료인 칼 토레스가 새로운 대표 이사로 직책을 이어받을 예정입니다. 토레스 씨의 헌신, 업무를 향한 노력과 창조성은 우리 회사의 성공에 많은 도움이 되리라 확신합니다.

 **Level 6**
answer02_Q01_lv6.mp3

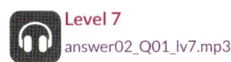 **Level 7**
answer02_Q01_lv7.mp3

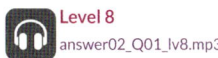 **Level 8**
answer02_Q01_lv8.mp3

Q2

I am sure with the storm activity predicted for today, our listeners are eager to hear this weather update. The good news is that no serious weather will reach the area until after the evening commute. After seven p.m. however, we can expect strong winds, periods of heavy rain, and dropping temperatures. Fortunately, we will have clear skies by the morning.

오늘 폭풍의 영향이 예상되는 가운데, 청취자들은 일기 예보 현황에 집중하고 있습니다. 좋은 소식은 저녁 퇴근 시간 전까지는 심각한 날씨의 영향을 받지는 않겠습니다. 하지만 저녁 7시 이후부터는, 강력한 바람과 기온 저하를 동반한 폭우가 예상됩니다. 다행히, 내일은 맑은 하늘을 볼 수 있겠습니다.

 **Level 6**
answer02_Q02_lv6.mp3

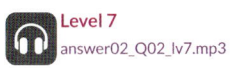 **Level 7**
answer02_Q02_lv7.mp3

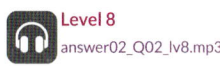 **Level 8**
answer02_Q02_lv8.mp3

Q3

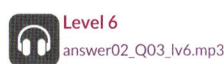 **Level 6**
answer02_Q03_lv6.mp3

This is a picture of a street. A woman is walking in the middle. She is holding a cup of coffee and smiling at a man in front of her. The man on the right is looking at her while walking. I can see a traffic light in the background. Some cars are parked in rows on either side of the street in the background. Overall, people look relaxed.

이 사진은 길거리의 사진입니다. 한 여자는 그림의 가운데에서 걷고 있습니다. 그녀는 커피 한잔을 들고 그녀의 앞에 있는 한 남자를 향해 웃고 있습니다. 그림의 오른쪽에 있는 그 남자는 그녀를 보며 걷고 있습니다. 뒤에 신호등을 하나 볼 수 있습니다. 몇 차들이 길을 중심으로 양쪽으로 열 맞추어 주차되어 있습니다. 전반적으로 사람들은 편안해 보입니다.

This is a picture of a street. A woman wearing a yellow shirt is holding a cup of coffee and walking in the middle. She is smiling at a man in front of her. The man on the right is also looking at her while walking along the street towards the background. A traffic light is behind her, and some cars are parked in rows on either side of the street on the left in the background. Overall, people look relaxed.

이 사진은 길거리의 사진입니다. 노란 셔츠를 입은 한 여자는 커피 한잔을 들고 그림의 가운데에서 걷고 있습니다. 그녀는 자기의 앞에 있는 한 남자를 향해 웃고 있습니다. 그림의 오른쪽에 있는 그 남자도 그녀를 보며 길을 따라 뒤쪽으로 걷고 있습니다. 그녀 뒤로 신호등이 하나 있고 왼쪽 뒤편으로 몇 차들이 길을 중심으로 양쪽으로 열 맞추어 주차되어 있습니다. 전반적으로 사람들은 편안해 보입니다.

This is a picture of a street. In the middle, a woman wearing a yellow shirt with blond hair is holding a cup of coffee and walking along the street while smiling at a man in front of her. The man wearing casual clothes on the right is also looking at her while walking along the street towards the background. There is a traffic signal on the traffic light behind her and some traffic signs in the background. Different types of cars are parked in rows on either side of the street on the left in the background. A lot of palm trees and some other people can be seen in the far background. Overall, people look relaxed.

이 사진은 길거리의 사진입니다. 노란 셔츠를 입은 한 여자는 커피 한잔을 들고 그림의 가운데에서 걷고 있습니다. 그녀는 자기의 앞에 있는 한 남자를 향해 웃고 있습니다. 그림의 오른쪽에 있는 그 남자도 그녀를 보며 길을 따라 뒤쪽으로 걷고 있습니다. 그녀 뒤로 신호등에 신호와 뒤에는 신호 표지판들이 있습니다. 왼쪽 뒤편으로 다른 종류의 차들이 길을 중심으로 양쪽으로 열 맞추어 주차되어 있습니다. 많은 야자수와 다른 사람들이 뒤편 멀리에 보입니다. 전반적으로 사람들은 편안해 보입니다.

Q4 ~6

Imagine that a German marketing firm is doing research about your leisure time. You have agreed to participate in a telephone interview about books.

독일 마케팅 회사가 당신의 나라에서 여가 생활에 대한 설문 조사를 한다고 가정해 보세요. 당신은 책에 관한 전화 인터뷰에 응하기로 동의했습니다.

Q4. What kinds of books do you enjoy reading the most?

당신은 어떤 종류의 책들을 가장 즐겨 읽습니까?

I enjoy reading cookbooks the most because cooking is my hobby. I read them about once or twice a week in my kitchen because it is fun and enjoyable to learn new recipes.

제 취미는 요리이기 때문에 요리책을 가장 즐겨 읽습니다. 저는 한 주에 한두 번 정도 주방에서 요리책들을 읽는데 그 이유는 새로운 요리법을 배우는 것은 재미있고 즐겁기 때문입니다.

I enjoy reading travel books the most because traveling is my hobby. I read different kinds of travel books more than three times a month in the bookstore near my place because it is fun and enjoyable.

제 취미는 여행이기 때문에 여행 책을 가장 즐겨 읽습니다. 저는 집 주변 서점에서 한 달에 3번 이상 다양한 종류의 여행 책들을 읽는데 그 이유는 재미있고 즐겁기 때문입니다.

I enjoy reading travel books the most in my spare time because traveling is my hobby. I read different kinds of travel books more than three times a month in a bookstore called Barnes and Nobles near my place.

제 취미는 여행이기 때문에 시간이 날 때는 여행 책을 가장 즐겨 읽습니다. 저는 집 주변 반스 앤 노블즈라 불리는 서점에서 한 달에 3번 이상 다양한 종류의 여행 책들을 읽습니다.

Q5. What are some advantages of reading books?

책을 읽는 것의 장점들은 무엇입니까?

By reading cookbooks, I can find out new recipes and ingredients so that I can use them for my new dishes. Also, my family members have dinner together at home more often because of my better dishes.

요리책을 읽으면서, 새로운 요리법과 재료들을 찾을 수 있기 때문에 새로운 요리를 할 때 활용해 볼 수 있습니다. 또한, 제가 만든 맛있는 음식으로 우리 가족들이 더 자주 저녁 식사를 함께합니다.

While reading travel books of my favorite cities where I want to go, I can find out famous tourist attractions and interesting cultures so it's beneficial to gather useful information about traveling to new cities.

제가 가고 싶은 좋아하는 도시에 대한 여행 책을 읽으면서, 유명한 관광 명소들과 흥미로운 문화들을 찾을 수 있습니다. 그래서 새로운 도시를 여행하는 것에 대한 활용도 높은 정보를 모으기가 유용합니다.

While reading travel books of my favorite cities where I want go, I can find out famous tourist attractions and interesting cultures. It allows me to broaden my knowledge and collect useful information about traveling to the cities.

제가 가고 싶은 좋아하는 도시에 대한 여행 책을 읽으면서, 유명한 관광 명소들과 흥미로운 문화들을 찾을 수 있습니다. 그래서 도시들을 여행하는 것에 대한 활용도 높은 정보를 모으고 지식을 넓힐 수 있습니다.

Q6. How has your habit of reading been changed?

당신의 독서 습관은 어떻게 바뀌었습니까?

Level 6
answer02_Q06_lv6.mp3

In the past, I used to read and carry conventional books, but nowadays, thanks to the internet, I usually read e-cookbooks using my smartphone. It is convenient and easy for me to search and read more information about cooking. Also, e-cookbooks allow me to learn how to cook anytime anywhere. In this way, I can find good cooking recipes faster than ever.

과거에는, 제본 형태의 책을 읽으며 들고 다니곤 했습니다. 하지만 저는 요즘 인터넷에 고맙게도, 주로 인터넷 요리책을 스마트폰으로 읽습니다. 요리에 관련된 더 많은 정보를 찾아 읽기가 편하고 쉽습니다. 또한, 인터넷 책들은 언제 어디서나 요리하는 법을 배울 수 있게 해줍니다. 이 방법으로, 이전보다 빠르게 좋은 요리 법을 찾을 수 있습니다.

Level 7
answer02_Q06_lv7.mp3

In the past, I used to read and carry conventional books. Nowadays, thanks to the internet, I usually read e-travel books using my smartphone. It is convenient and easy for me to search and read useful information about traveling. Moreover, I can refresh myself just by looking at the beautiful sceneries of attractions in travel books when I feel tired from a long day at work so reading e-travel books means a lot to me.

과거에는, 제본 형태의 책을 읽으며 들고 다니곤 했습니다. 하지만 저는 요즘 인터넷에 고맙게도, 주로 인터넷 책을 스마트폰으로 읽습니다. 여행에 관련된 더 많은 정보를 찾아 읽기가 편하고 쉽습니다. 게다가, 직장에서의 긴 하루를 보내고 피곤할 때, 여행 책 안에 담긴 관광 명소들의 아름다운 풍경들을 보면서 마음을 상쾌하게 할 수 있습니다. 그래서, 인터넷 여행 책을 읽은 것은 제게 많은 의미가 있습니다.

Level 8
answer02_Q06_lv8.mp3

Well, when I was young, I used to read and carry conventional books with me. Nowadays, as long as I have internet access, I can read e-travel books using my smartphone anytime, anywhere. So I don't have to go to the bookstore to find travel books anymore. In every respect, it makes it convenient and easy to search and gather useful information about traveling. In other words, e-travel books allow me to save time, money and effort when it comes to traveling.

음, 제가 어렸을 때는, 제본 형태의 책을 읽으며 들고 다니곤 했습니다. 요즘은, 인터넷 사용만 가능하면, 언제 어디서나 인터넷 여행 책을 스마트폰으로 읽을 수 있습니다. 그래서, 더는 서점으로 여행 책을 찾으러 가지 않아도 됩니다. 이런 이유로, 여행에 관련된 활용도 높은 정보를 찾아 모으기가 편하고 쉽습니다. 다시 말해, 여행에 하는데 인터넷 여행 책은 시간, 돈과 노력을 아끼게 해줍니다.

Q7 ~9 예술과 사진 – 사진 협회

연간 세미나 7월 28일 릿지우드 호텔, 쏠트 레이크 씨티	
오전 9시 – 오전 10시	풍경 사진: 자연광 사용하기 (몰리 존슨)
오전 10시 – 오전 11시	정물 사진: 조명 효과와 관점 확보하기
오전 11시 – 오후 12시	제품 전시: 애프터 이펙츠 편집 (쌤 칼믹)
오후 12시 – 오후 1시 30분	점심
오후 1시 30분 – 오후 2시 30분	자연 사진: 압도적 야외 촬영지 (몰리 존슨)
오후 2시 30분 – 오후 4시	패션 사진 (벤 컬크)
오후 4시 – 오후 4시 30분	개별 모임

Narration: Hello, this is Claude Roche. I am interested attending the photography seminar. I just have a few questions that I hope you can answer for me.

안녕하세요 저는 클로드 로쉬입니다. 사진 세미나에 참여하고 싶습니다. 몇 가지 질문에 답변을 해주셨으면 합니다.

Q7. What is the date of the seminar and where will it be held?

세미나는 며칠 날 어디에서 열립니까?

Level 6
answer02_Q07_lv6.mp3

The seminar will be held on July 28th, and it will be held at the Ridgewood Hotel.

세미나는 7월 28일에 릿지우드 호텔에서 열립니다.

Level 7
answer02_Q07_lv7.mp3

The annual seminar will be held on July 28th at the Ridgewood Hotel in Salt Lake City.

세미나는 7월 28일에 쏠트 레이크 씨티에 위치한 릿지우드 호텔에서 열립니다.

Level 8
answer02_Q07_lv8.mp3

The annual seminar will be held at the Ridgewood Hotel in Salt Lake City on July 28th.

세미나는 쏠트 레이크 씨티에 위치한 릿지우드 호텔에서 7월 28일에 열립니다.

Q8. I know there is an individual session at the end of the day. But, I have to leave at 5 o'clock. I guess I will miss the individual session, right?

세미나 일정의 마지막에 개별 모임이 있는 것으로 알고 있습니다. 하지만 제가 5시 정각에 떠나야 합니다. 제가 그 개별 모임을 놓치게 되는 것이 맞나요?

Level 6
answer02_Q08_lv6.mp3

No. You can take the individual session at 4 p.m.

아니요. 개별 모임은 오후 4시에 가시면 됩니다.

Level 7
answer02_Q08_lv7.mp3

Don't worry. You can attend the individual session from 4 p.m.

걱정하지 마세요. 개별 모임은 오후 4시에 참가 가능하십니다.

Level 8
answer02_Q08_lv8.mp3

Never mind. You may attend the individual session from 4 p.m. until 4:30 p.m. Please keep that in mind.

걱정하지 마세요. 개별 모임은 오후 4시부터 오후 4시 30분까지 참가 가능하십니다. 참고 부탁 드립니다.

Q9. I'm interested in attending any sessions that Molly Johnson would be leading. Could you tell me all the details about Ms. Johnson's sessions?

저는 몰리 존슨 씨가 진행하는 일정을 듣고자 합니다. 몰리 씨가 진행하는 자세한 일정을 알려 주시겠습니까?

OK. Molly Johnson will lead Landscape Photography at 9 a.m., and then she will lead Nature Photography about breathtaking locations at 1:30 p.m.

그럼요. 몰리 존슨 씨는 풍경 사진에 대해 오전 9시부터 진행합니다. 그다음 그녀는 압도적 야외 촬영지에 대한 자연 사진에 대해 오후 1시 30분부터 진행할 예정입니다.

OK. Landscape Photography Using Natural Light will be led by Molly Johnson at 9 a.m., and then she will lead Nature Photography about breathtaking locations from 1:30 p.m.

그럼요. 몰리 존슨 씨는 자연광을 이용한 풍경 사진에 대해 오전 9시부터 진행합니다. 그다음 그녀는 압도적 야외 촬영지에 대한 자연 사진에 대해 오후 1시 30분부터 진행할 예정입니다.

Sure. Landscape Photography including the topic of using natural light will be led by Molly Johnson at 9 a.m., and then she will also talk about nature photography with breathtaking locations from 1:30 to 2:30 p.m.

그럼요. 몰리 존슨 씨는 자연광 사용의 주제로 풍경 사진에 대해 오전 9시부터 진행합니다. 그다음 그녀는 압도적 야외 촬영지에 대한 자연 사진에 대해 오후 1시 30분부터 오후 2시 30분까지 이야기할 예정입니다.

Q10

Hello, this is Nichole, the inventory manager. Since you're the director, I would like to get your opinion. As you know, we are planning to attend the inventory system demonstration next month to figure out about the new inventory program that we are considering purchasing next quarter. However, I've found a previous appointment on that day so I can't make it. Someone from my department needs to participate in the program demonstration so that we can get practical information about the system. But no one has experience like with this before so I don't know who would be the best suited to take this role. How can we decide on an employee to send to the inventory system demonstration? Please call me back right away. Bye.

안녕하세요. 물류과 매니저인 니콜입니다. 이사님께 의견을 여쭙고자 합니다. 아시다시피, 다음 분기에 구매를 고려하고 있는 새 물류 프로그램에 대해 알아보고자 물류 시스템 시연회에 참여할 계획입니다. 그런데 당일 사전에 잡힌 약속이 있어서 제가 못 갈 것 같습니다. 해당 시스템에 대한 실질적인 정보를 얻기 위해서는 우리 부서 중 누군가는 그 시연회에 참여해야 하는데요. 이런 상황이 처음이라 누구를 대신 보내야 할지 모르겠습니다. 물류 시스템 시연회에 보낼 사람을 어떻게 결정해야 좋을까요? 빠른 답변 부탁 드립니다. 안녕히 계세요.

Level 6

answer02_Q10_lv6.mp3

Hello, Nichole. This is Daniel speaking and I'm returning your call. You said you were worried about deciding on the right employee to send for the inventory demonstration, but you don't know who to select. So you want me to help you out, right? Why don't we post a special announcement about this issue on our company website? Our employees would be aware of the situation faster, and then someone would volunteer to participate in the system demonstration. Don't worry. I have more ideas about this issue. I will send them by email right away. Please call me back and I'll talk to you later. Bye.

안녕하세요. 니콜 씨, 저는 대니얼이고 답변에 회신 드립니다. 물류 시스템 시연회에 보낼 사람을 결정하는 것이 걱정된다고 하셨는데요. 하지만 누구를 뽑아야 할지 모르겠다고 제게 도움을 요청하신 것이 맞지요? 우선, 우리 웹사이트에 이 건에 대한 특별 공지를 올려보면 어떨까요? 우리 직원들이 이 상황에 대해 빨리 알게 될 것이고, 누군가 시연회에 참가하겠다고 지원할지도 모릅니다. 걱정하지 마세요. 제게 아이디어가 좀 더 있습니다. 지금 이메일로 보내드릴게요. 이따 다시 전화 주세요. 안녕히 계세요.

Level 7

answer02_Q10_lv7.mp3

Hello, Nichole. This is Kelly speaking and I'm returning your call. You said you were worried about deciding on the right employee to send for the inventory demonstration, but you don't know who to select. So you want me to help you out, right? Why don't we run a special lucky draw event for the inventory demonstration? I can announce the event on our website and our employees would be aware of the situation faster. In this way, we would select the right person faster and decide whether to purchase the system or not. I have more ideas about it. I will send them by email right away. Please check it out in 15 minutes and let's talk about this issue later. Please call me back soon. Bye.

안녕하세요. 니콜 씨, 저는 캘리이고 답변에 회신 드립니다. 물류 시스템 시연회에 보낼 적임자를 결정하는 것이 걱정된다고 하셨는데요. 하지만 누구를 뽑아야 할지 모르겠다고 제게 도움을 요청하신 것이 맞지요? 물류 시연회에 갈 사람을 특별 제비뽑기로 뽑아보면 어떨까요? 우리 웹사이트에 이 건에 대한 특별 공지를 올리면 직원들이 이 상황에 대해 빨리 알게 될 것이고, 그러면 적임자를 빨리 찾아 물류 시스템을 살지 말지도 결정할 수 있을 겁니다. 제게 아이디어가 좀 더 있습니다. 지금 이메일로 보내드릴 테니 15분 후 확인하시고, 이 건에 대해 이따 이야기하시지요. 다시 전화 주세요. 안녕히 계세요.

Level 8

answer02_Q10_lv8.mp3

Hello, Nichole. This is Karen speaking and I'm returning your call. You said you were worried about deciding on the appropriate employee to send for the inventory demonstration because you won't make it but you don't know how to select the right person. So you want me to help you out, right? Why don't we send your assistant manager Tom as a representative? He has been working in the inventory department for five years, so I think he would be the best one to know the proper system we are looking for and figure out whether we should buy it or not. If not, we should get a volunteer to attend the inventory demonstration. I have more ideas about it. Why don't you come to my office today? Let's talk about this issue as soon as possible. Please call me back with your answer. Talk to you later. Bye.

안녕하세요. 니콜 씨, 저는 캐런이고 답변에 회신 드립니다. 당신이 물류 시스템 시연회에 못 가게 되어, 대신 보낼 적당한 사람을 결정하는 것이 걱정된다고 하셨는데요. 하지만 어떻게 적당한 사람을 뽑아야 할지 모르겠다고 제게 도움을 요청하신 것이 맞지요? 대표로 탐 대리를 물류 시연회에 보내면 어떨까요? 물류과에서 5년을 일했으니 우리가 찾고자 하는 물류 시스템과 그 시스템을 사야 할지 말아야 할지에 대해서도 가장 잘 아는 사람일 것입니다. 아니면, 물류 시연회에 가고자 하는 지원자를 뽑아야 하고요. 제게 아이디어가 좀 더 있습니다. 오늘 제 사무실로 좀 와주세요. 이 건에 대해서 최대한 빨리 이야기를 나눕시다. 답변 회신해 주세요. 안녕히 계세요.

Q11

In your opinion, which of the following is the most important factor to consider when making a decision whether to accept the job offer? Choose one of the options provided below and give specific reasons or examples to support your opinion.
- The reputation
- The work schedule
- The location

일자리를 제의 받았을 때, 승낙 여부를 선택해야 한다면, 아래 중 가장 중요하게 고려할 것은 무엇입니까? 아래 옵션 중 하나를 선택하고 특정한 이유나 예시를 들어 본인의 주장을 뒷받침하세요.
- 평판
- 업무 스케줄
- 장소

Level 6
answer02_Q11_lv6.mp3

The most important thing to consider when deciding whether to accept a job offer is the work schedule. In my case, I work for Samsung. I spend a lot of time and tend to get stressed out working long hours these days. It is not efficient or easy to work for 10 hours a day. I can't focus on my work and complete tasks on time because it makes me feel tired. I want to work with a proper work schedule so that I would feel more satisfied with my job better. For these reasons, having a tight work schedule doesn't work for me and my team. So, if I had a chance to accept another job offer next time, I would absolutely consider the reasonable the work schedule the most.

저는 일자리를 제의 받았을 때, 승낙 여부를 선택해야 한다면, 업무 스케줄을 가장 고려하겠습니다. 제 경우, 저는 삼성에서 일합니다. 요즘 시간을 많이 할애하고 오랜 시간 동안 업무를 하느라고 너무 스트레스를 많이 받는 편입니다. 하루에 10시간 넘게 일하는 것은 효율적이지 않고 힘듭니다. 피곤하기에 업무에 집중할 수가 없고 일을 제때 끝내지 못합니다. 제 직업에 만족도가 높아질 것이기 때문에 적당한 업무 스케줄로 일하길 원합니다. 이런 이유로, 빡빡한 업무 스케줄은 저와 제 팀원들에겐 좋은 방법이 아닙니다. 그래서 다음번에 다른 일자리를 고려할 기회가 있다면, 당연히 업무 스케줄을 가장 많이 고려하겠습니다.

The most important thing to consider when deciding whether to accept a job offer is the work schedule. In my case, I've been working for Samsung for three years, and I need to spend a lot of time working for them. I tend to get stressed out from working long hours these days. I believe it is not efficient or easy to work for 10 hours a day. Most of time, it is very difficult to focus on my work and complete projects on time because it makes me already tired before starting the project. For these reasons, having a fully loaded work schedule doesn't work for me and my team. So, if I had a chance to accept another job offer next time, I would absolutely consider the work schedule the most.

저는 일자리를 제의 받았을 때, 승낙 여부를 선택해야 한다면, 업무 스케줄을 가장 고려하겠습니다. 제 경우, 저는 삼성에서 3년째 일하고 있는데 회사를 위해 매우 많은 시간을 할애합니다. 요즘은 오랜 시간 동안 업무를 하느라고 너무 스트레스를 많이 받는 편입니다. 하루에 10시간 넘게 일하는 것은 효율적이지 않고 힘든 일이라 생각합니다. 대부분 시간은, 피로 때문에 업무에 집중하기 힘들고 프로젝트를 제때 끝내지 못하는데, 이유는 일을 시작하기도 전부터 이미 피곤하기 때문입니다. 이런 이유로, 과다한 업무 스케줄은 저와 제 팀원들에겐 좋은 방법이 아닙니다. 그래서 다음번에 다른 일자리를 고려할 기회가 있다면, 당연히 업무 스케줄을 가장 많이 고려하겠습니다.

The most important thing to consider when deciding whether to accept a job offer is the work schedule. In my case, I've been working for Samsung for three years, and Samsung still requires me to spend a lot of time working for them. Of course, Samsung is one of the largest companies in the world so I used to be proud of myself when it came to the reputation the company. However, I tend to get stressed out from working long hours these days. I believe it is not efficient or easy to work for 10 hours a day. Also, most of the time, it is very difficult to deal with different types of work at the same time. Because of that, it makes me already tired before starting the project. As a result, having a fully loaded work schedule doesn't work for me and my team. So, if I have a chance to accept another job offer next time, I will absolutely consider the work schedule the most.

저는 일자리를 제의 받았을 때, 승낙 여부를 선택해야 한다면, 업무 스케줄을 가장 고려하겠습니다. 제 경우, 저는 삼성에서 3년째 일하고 있는데 회사는 재게 매우 많은 시간을 할애하길 원합니다. 당연히, 삼성은 세계적인 회사이기 때문에 회사의 브랜드에 자부심을 느끼곤 했었습니다. 하지만 요즘은 오랜 시간 동안 업무를 하느라고 너무 스트레스를 많이 받는 편입니다. 하루에 10시간 넘게 일하는 것은 효율적이지 않고 힘든 일이라 생각합니다. 또한, 대부분 시간은, 다양한 업무를 한꺼번에 다루느라 어려움이 많습니다. 그래서, 일을 시작하기도 전부터 이미 피곤합니다. 결과적으로, 과다한 업무 스케줄은 저와 제 팀원들에겐 좋은 방법이 아닙니다. 그래서 다음번에 다른 일자리를 고려할 기회가 있다면, 당연히 업무 스케줄을 가장 많이 고려하겠습니다.

REVIEW

안녕하세요!

저는 약 1년 정도 어학연수를 다녀온 직후 speaking 실력이 좋을 때 바로 시험을 쳐보고자 마음을 먹고 유명하다던 어떤 학원의 토익 스피킹 수업을 수강했었습니다.

하지만 생각보다 쉽게 말문이 열리지 않고 말의 요지를 정확히 표현하지 못해서 원하는 점수를 얻기는 힘들었습니다. 시간이 많이 흐른 후 조앤박 선생님을 알게 되었고, 선생님이 쓰신 **이 교재의 내용대로 공부하며 가장 많이 느꼈던 것은 영어의 실력도 중요하지만 토스 시험을 위한 영어 말하기 스킬의 중요성**이었습니다.

저는 본 교재를 통해 공부하며 세 가지는 반드시 지켰습니다.

> 1. 초반 : 문제를 한두 번 반복적으로 공부하면서 영어 말하기와 친해지기
> 2. 중반 : 교재 속 쉽고 간결한 아이디어 TIP을 활용하여 나만의 토스 답변 TIP 만들기
> 3. 마무리 : 실전처럼 말해보면서 복습 또 복습 !

이 세 가지를 통해 거뜬히 Level 7을 바로 취득할 수 있었습니다. 아무리 영어 실력이 없어도, "핵심 암기 패턴"과 "아이디어 tip"을 통해, Level 6, 7은 쉽게 받아내실 수 있을 것이고, 저는 조앤 선생님의 교재로 Level 8을 위해 달려갈 것입니다.

작년에 처음 독학으로 토익스피킹 공부를 시작했지만, 무엇을 암기하고 어떻게 공부해야 할지 아무것도 잡히지 않아 답답해하고 있었을 때, 조앤박 선생님의 토익스피킹 익스프레스 교재를 접하게 되었습니다. 돈, 인터넷, 스트레스 관련 아이디어를 보는 순간 '**제가 원한 것이 바로 이것**'이라고 느꼈습니다.

각 파트별 다양한 주제와 질문들에도 늘 통하는 암기 패턴들로 질문에 답변을 연결해 말하다 보니 슬슬 입에 붙기 시작하면서, **앞 파트에서 보았던 패턴을 뒤에서 또 만나고 지속적으로 반복**하게 되어 있어서, 전철에서 왔다 갔다 하면서 중얼거리는 것만으로도 막막하기만 했던 **토익스피킹의 큰 틀이 잡히는 느낌**이었습니다. 실제 시험에서도, 조앤박 선생님만의 답변 패턴을 이용해 살짝 변형을 주어 잘 빠져나왔던 짜릿한 기억을 잊을 수 없습니다.

패턴서를 약 일주일 정도 외우고 경험 삼아 시험을 봤는데 놀랍게도 Level 6가 나왔습니다. 이 패턴들을 더 자연스럽게 다양한 주제에 접목시켜 연습한다면 Level 7도 문제없다고 전 장담할 수 있습니다. TOEIC speaking을 처음 준비하시는 분들! 수많은 자료에 길을 잃지 마시고 shortcut으로 인도해주는 이 최신 비법서로 짧지만 필요한 것만 채우시길 바랍니다.